ヤマケイ文庫

マタギ奇談

Kudo Takao

工藤隆雄

Yamakei Library

マタギ奇談　目次

第一章　歴史のはざまで

第二章　マタギ伝説

第三章　賢いクマ

第四章　山の神の祟り

第五章　不思議な自然

第六章　人間の不思議な話

本文写真＝工藤隆雄

第一章　歴史のはざまで

マタギが八甲田で見た人影はなんだったのか

「今を去る二十九年前即ち明治三十五年一月廿六日（旧十二月十七日）歩兵第卅一聯隊の福島大尉は一小隊を率ひ秋田界より十和田に出で法奥澤より大深内村大字深持字増澤に至り一泊し途中田代平新湯に宿し八甲田を越えて青森に出ずべく嘗て試みざる大冒険的行軍を決行せんとす……」

これは『明治三十五年第卅一聯隊　雪中行軍路案内實録』という手書きの小冊子の冒頭で、その脇に「昭和六年二月調査　大深内村青年團熊ノ沢支部調」と書かれている。本文はたったの八ページである。さらに読み進むと、興味深い記述があった。

「……午前の二時と思はしき頃前方より数知れず提灯横隊をなし來り奇観を呈す　五聯隊遭難兵の捜索隊なるにや一刻々々と近づき來る　一同奇異の目を瞠る　期せずして其方向へと進む　大尉如何に思へけん　同方向を進むべからずと　数刻にして縦隊

をなし目前に迫る來り避けんとすれども一行に直進し來る不思議なるかな今正に突き當らんと思ふ頃右に折れ忽焉として燈火消えあたりは元の眞黒一同啞然とす狐狸の仕業か心の惑か不可思議なる現象に惑はされ方向を失へさまよう中に遥か右方に當り汽笛の音聞え電燈は点々として見え青森市なるを直感し初めて夢より醒めたる心地したり……」

山のなかで誰かはっきりとわからないが、一列横隊になって向かってきた。ぶつかりそうになったとたん、なぜか一列縦隊になり、いなくなったというような不思議な現象に遭遇したという記述である。なぜ、夜中にそんなところを歩かなければならなかったのか、また、一行とはいったい誰だったのか。次々と疑問がわいてきた。

改めて資料を読み直したり、ほかの資料などを調べると、意外なことがわかった。

一九〇二年（明治三十五）というと、有名な山岳遭難事故の「八甲田山雪中行軍遭難事件」が起きた年である。一月二十三日、歩兵青森第五連隊二百十人が青森市の南方にそびえる八甲田山に入り、百九十九人が凍死した大事件である。歩兵青森第五連隊の計画は、青森市内にある駐屯地から田茂木野を経て田代温泉に一泊する。さらに条件がよければ三本木まで足を延ばし、二泊目とし、その後列車で再び駐屯地に戻るというものだった。

三日前の一月二十日。その青森隊よりいち早く、弘前第三十一連隊の福島大尉以下三十七名（うちひとりは地元新聞社の記者）の兵士たちが、厳冬期の軍事訓練を行うために弘前から八甲田山に向かっていた。十和田湖を経由し、増沢から田代温泉を経て八甲田に登る。登った後に青森市に抜け、再び弘前に戻るという十一泊十二日の長い計画だった。青森隊とは反対側から八甲田に入るルートだった。

弘前隊が出発してから五日目の二十六日、吹雪に見舞われながらもその土地、その土地の道に精通した案内人らに誘導され、無事に大深内村の増沢に着いた。それで安心することなく、弘前隊は村役場に七人の案内人を頼んだ。増沢から先は本格的に八甲田山に入り、一層困難な行軍になるため多めの案内人が必要だったのである。村長らは軍隊からの依頼だから受けてくれと村を回り、若者を集めた。その先頭に立ったのが八甲田の山麓でマタギをしていた沢内鉄太郎（当時三十六歳）だった。そのとき弘前隊は、これから登る八甲田山中で青森隊がすでに遭難していることをまだ知らなかった。

二十七日早朝、天気はよかった。鉄太郎ら案内人が先頭に立ち出発した。しかし、次第に天気が悪くなり、吹雪になった。鉄太郎は福島大尉に「こんなときに八甲田に入るのは危険です、中止すべきです」と懸命に進言したが、大尉は「なんのこれしきの雪、我々は雪と戦っているのではない。ロシアと戦っているのだ」といい、無謀にもさらに進むことを命令した。

当時、日本は日清戦争が終わり、近い将来、ロシアとの戦争を始めようと目論んでいた。そうなると、主戦場が極寒の満州になる可能性があるため、厳冬期にも戦える兵士が必要とされ、各隊が個別に雪中行軍を競って訓練していたのである。

夜の十一時過ぎ。雪は降りつづけ、一行はまだ夜の雪山を歩きつづけていた。さすがに疲労したのか、福島大尉は雪穴を掘り、休憩することにした。が、鉄太郎たちには休憩をさせず、「温泉小屋の主をここに連れてこい」と命令した。出発以来、少し休んだだけで何も食べていなかった鉄太郎たちは愕然とした。しかも持参した弁当と仲間二人を置いていけという。鉄太郎たちに逃亡させないための人質だった。

鉄太郎ら残りの五人は空腹と疲労でめまいを感じながらも吹雪のなかに出た。まったくの命懸けの行動をさせられたのである。二時間も歩くと、偶然に雪に埋まった小屋を発見した。温泉小屋ではなく、八甲田山麓開拓民の小屋だった。鉄太郎がマタギをしに山に入り、急に天候が変わったときなど何度か休ませてもらった小屋だった。

少し休んだあとに小屋に沢内吉助ひとりを火焚き役として残し、再び雪山を歩き、大尉たちを迎えに行った。

その後、福島大尉ら兵士たちを案内し、開拓小屋に戻り、しばらく休憩した。それからさらに青森方面に向かって歩き始めた。肩まで雪があり、遠くから見れば、雪のなかから首だけ出ている隊列にしか見えないほど雪が深かった。衣服が凍りつき、体は冷えて感覚がなくなっていた。そうしているうちに、雪のなかから軍隊の銃が飛び出しているのが見えた。大尉はそれを見て、「どこの馬鹿が銃を捨てたのか、国のたいせつな銃を」と怒った。たいせつな銃なら兵士たちに背負わせればよいのだが、疲労しきっている鉄太郎たちに背負わせた。

さらに進むと、兵士の凍死体が何体もあった。この時点では、福島大尉も鉄太郎たちも何が起きているかわからなかったが、それらは青森第五連隊の兵士の遭難遺体だった。弘前隊が四日目を迎えた二十三日、青森隊が青森市の駐屯地から田茂木野経由で八甲田山に二泊三日の予定で二百十人という大人数で入った。吹雪いていた。集落の長が「この時期に山に入るのは、無謀だ、やめなさい。もし進むなら、案内人を雇いなさい」と忠告したが、青森隊の将校のひとりが「我々には、お前ら案内人ごときより優秀な地図とコンパスがある。案内人を雇えというのは、金がほしいからだろう、案内人などいらぬ」などと侮辱的な言葉を吐き、山に入っていった。その結果、暴風雪に遭い、地図もコンパスも役に立たず、結局は百九十九人が死亡するという前代未聞の「八甲田山雪中行軍遭難事件」が起きたのである。しかもあとでわかるが、進んでいる弘前隊の目と鼻の先では、道に迷い凍死寸前の青森隊の兵士が何人もいただけでなく、捜索をするために近くまで来ていた第五連隊の兵士たちも多数いた。しかし、弘前隊は青森隊が遭難しているとは少しも知らず、歩きつづけていた。

そんな夜中の二時頃、弘前隊一行は、目の前に迫りくる不可思議な人影を見たのである。遭難者の霊か、はたまた狐狸のなせる業か、あるいは我々の気の迷いかと思い惑っていたのである。そうして、呆然としていると、遠く離れた青森港からなのだろう、汽笛の音が聞こえ、ハッと我に返った。

立ち止まっていると、凍死してしまう。さらに歩いた。すると、八甲田の青森市側の入口である田茂木野の集落が遠くに見えた。見えたとたん、福島大尉は立ち止まり、鉄太郎たちに「汽車賃だ」といい、金を渡し、「ここで見たことは他言するべからず。いえば、軍隊の牢獄に入れる」と脅し、さっさと田茂木野に向かった。もう案内人などい要らない、自由に帰れということだった。

鉄太郎たちは、今まで命を懸けて福島大尉たちを案内してきたのに山中に見捨てら

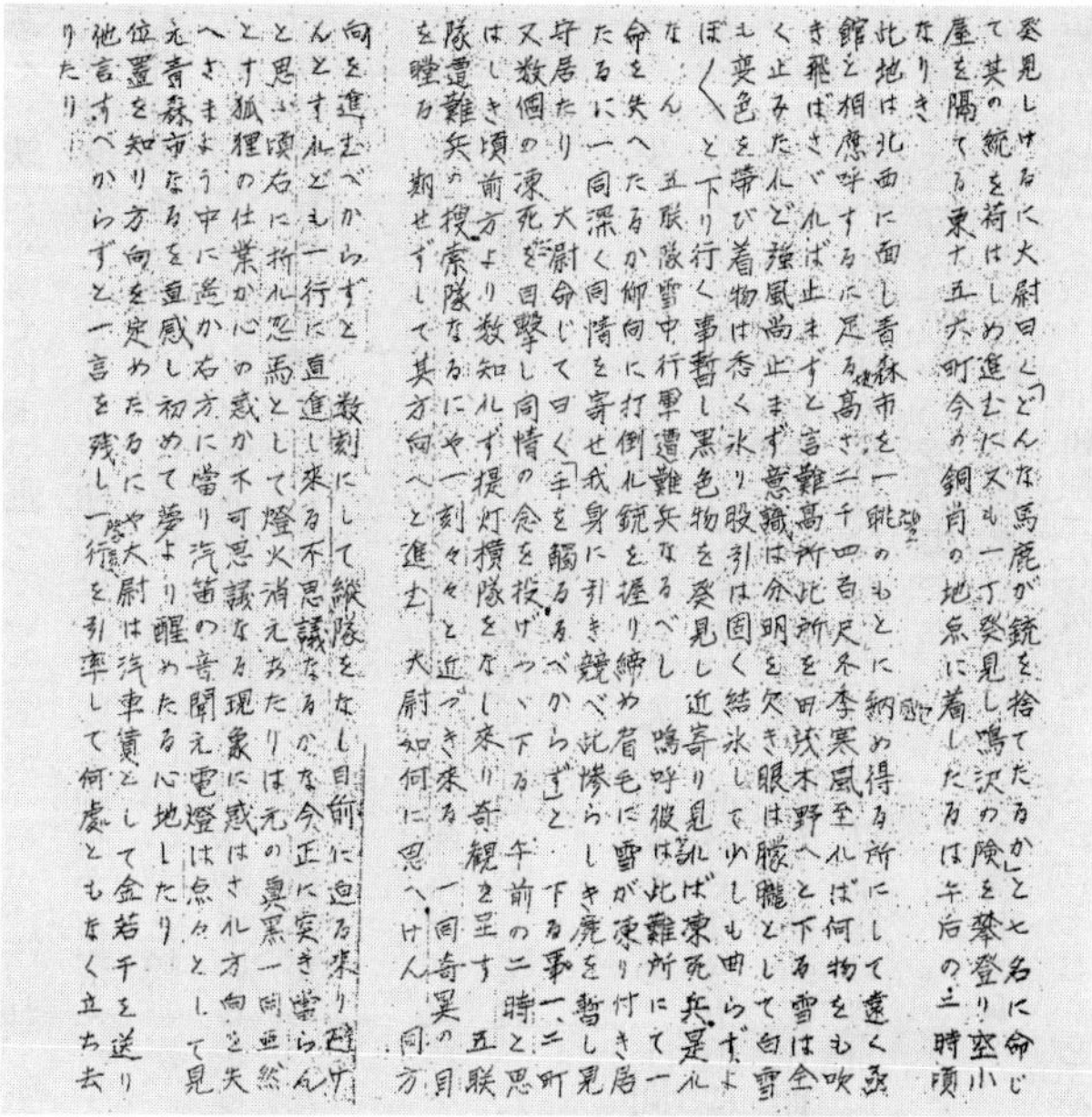

発見しけるに大尉曰く「どんな馬鹿が銃を捨てたるか」と七名に命じて其の銃を荷はしめ進むに又も一丁発見し鳴沢の険を攀登り空小屋を隔てる東十五六町今の銅像の地点に着したるは午后の三時頃なりき
此地は北西に面し青森市を一眺のもとに納め得る所にして遠く函館と相応呼するに足る高さ二千四百尺冬季寒風至れば何物をも吹き飛ばさざれば止まずと言ふ難所此所を田茂木野へと下るに雪は全く止みたれど強風尚止まず意識は分明を欠き眼は朦朧として白雪より異色を帯び着物は悉く氷り股引は固く結氷して少しも曲らずぼく〳〵と下り行く事暫し黒色物を発見し近寄り見れば凍死兵是れなん 五聯隊雪中行軍遭難兵なるべし 嗚呼彼は此難所にて一命を失へたるか仰向に打倒れ銃を握り締め眉毛に雪が凍り付きて居たるに一同深く同情を寄せ我身に引き競べ此惨らしき廃を暫し見守居たり 大尉命じて曰く「手を触るべからず」と下る事一二町又数個の凍死を目撃し同情の念を投げつゝ下る 午前の二時と思所は頃前方より数知れず提灯横隊をなし来り奇観を呈す 一同奇異の五聯隊遭難兵の捜索隊なるにや 一刻々々と近づき来る 大尉知何に思へけん 同方を瞠る 期せずして其方向へと進む
向を進むべからずと 数刻にして縦隊をなし目前に迫り来り避けんとすれども一行に直進し来る不思議なるかな今正に突き当らんとす思ふ頃右に折れ忽焉として燈火消えあたりは元の真黒一面唖然とす狐狸の仕業か心の惑か不可思議なる現象に惑はされ方向を失へさまよう中に遥かなる方に当り汽笛の音聞え電燈は点々として見え青森市なるを直感し初めて夢より醒めたる心地したり
位置を知り方向を定めたるにや大尉は汽車賃として金若干を送り他言すべからずと一言を残し一行を引率して何處ともなく立ち去りたり

八甲田山の山中で夜中、マタギの沢内鉄太郎らが
「前方より数知れず提灯横隊をなし来り奇観を呈す」と
不思議な現象に遭遇したと書かれている『雪中行軍路案内實録』の一部。

れたのである。鉄太郎はそれまで張っていた緊張の糸が途切れ、気を失った。このままでは鉄太郎は凍死してしまう。仲間は鉄太郎を両脇から抱え、少しずつ歩き、ようやく田茂木野の集落に着いた。民家に「泊めてほしい」と頼むが、捜索に来た青森隊の兵士、そして、少し前に来た弘前隊の兵隊たちが休んでいるからだめだと断られた。そのとき、初めて青森隊が遭難したことを知り、銃や遺体があった理由がわかるのだった。

鉄太郎たちは土間でもいいから休ませてほしいと頼んだ。火鉢を借り、湯を沸かした。その湯のなかに凍った弁当ごと突っ込んで氷を溶かして食べた。久々の食事だった。

鉄太郎たちは少し寝たが、遭難救助の兵隊たちが来たため、土間からも追い出された。ふらふらになりながらも青森市に向かった。道路では八甲田に行く救助隊の人馬が何キロにもわたって続いていた。弘前隊は朝七時には青森の旅館に着いて休養をとっていた。夕方には、青森隊がほぼ全滅したのに、弘前隊は無事に生還したという号外が出て青森市民に英雄扱いを受けていた。

鉄太郎たちは、昼頃に青森市内にあった浦町駅から汽車に乗り、自分たちの集落にいちばん近い沼崎駅（現・上北町駅）に降りた。さらにそれから六里ほども歩き、翌日の午前二時頃にようやく村、そして家に着いた。凍傷で顔が真っ黒にただれ、目も開けられないほど細くなり、誰が誰やらわからないほどに変わってしまったが、家族は「山の神様は命まで取らずにみんなを帰してくれた。ありがたい」と嬉し泣きをした。

「八甲田山雪中行軍遭難事件」は、新田次郎の小説『八甲田山死の彷徨』や映画『八甲田山』などである程度知っていたつもりだった。が、案内人にマタギの鉄太郎らが雇われ、彼らの苦労によって成功したが、用がなくなるとさっさと見捨てられたというのは、知らなかった。また、一行が見たという不思議な現象もそれまでは知らないことだった。小説には、汽車の灯を「人魂だ！」と描写する場面があるが、映画にはこういった描写がなかったからである。

その後の鉄太郎らはどうなったのか。みなは確かに命だけは助かったが、凍傷で手や足の指を落としてしまった。しかし、村や国はなんの補償もしなかった。遭難で死んだ兵士たちには国から弔慰金が出ただけでなく、国のために死んだのだから靖国神社に英霊として祀るとして遺族を慰めた。鉄太郎たちは、補償がないことに怒ったが、いうと、軍の牢獄に入れられると恐れ、事件のことは誰にも語らなかった。同行者のひとり中沢由松は凍傷が原因で廃人同様になり、数年後に若くして死に、その後、マタギの鉄太郎も死んだ。もし、生き残ったほかの五人も何もいわなければ、彼らのことは生涯、誰も知らずに終わっていただろう。ところが、生き残ったひとりがたまたま話したため、世のなかに知られることになった。

事件から二十八年も経った一九三〇年（昭和五）のある日のことだ。生き残りのひとり、開拓小屋で火を焚き、皆を待っていた沢内吉助は、知人の福田政吉の家に立ち寄った。福田がたまたま、地元の新聞に載っていた雪中行軍の慰霊祭が行われたという記事を読み、「昔はこんなひどい事件があったんだな」と呟いた。それを聞いて、沢内吉助が「実をいうと、俺たちはそのとき、弘前隊の案内をして散々な目に遭ったが、他言したら牢獄に入れると福島大尉にいわれ、怖くて知り合いどころか家族にもいわなかった」といった。それを聞いた福田は驚いた。二十八年もの間、ずっと沈黙を守っていたのがわかったからだ。なんと律儀な男たちかと思ったのだ。

福田は吉助から改めて当時の状況を聞くと、記事にして地元の新聞に投稿した。すると、新聞に掲載され、話題になった。それだけでなく、八月に地元の熊之沢小学校校長、苫米地《とまべち》吉重が生き残りの五人に改めて聞き書きし『八甲田山麓・雪中行軍秘話』としてまとめた。さらに翌一九三一年（昭和六）二月に村の青年団が同じ五人から話を聞いて小冊子にした。それが冒頭で紹介した『明治三十五年第卅一聯隊　雪中行軍路案内實録』である。

同年九月、今度は地元の人たちが「これぞ南部人の鑑だ」といい、彼ら七人を「七勇士」と誉め讃えた。そして「東道旌表碑《とうどうせいひょうひ》」という石碑を建て顕彰した。東道は案内役、旌表は顕彰の意味である。そして、国が七人を認めてやらないのなら、代わりに俺たち地元のみんなが認めてやろうではないかということなのである。そして完成した石碑の前に大勢の人が集まり、七人を偲んだ。

これらのことがきっかけとなり、新田次郎が小説を書いて世に知られたのかというと、そうではなかった。新田次郎の前に事件を発掘し、調べた男がいた。それは時事新報記者をしていた小笠原孤酒（本名、広治。一九二六〜一九八九）だった。孤酒は事件に興味を持ってひとりでコツコツと調べた。悲惨な事件を世に残しておきたいという気持ちからだった。生き残った遭難兵士や死んだ兵士の遺族などさまざまな人に会い、取材を繰り返した。

そして、一九七〇年（昭和四十五）に『八甲田連峰吹雪の惨劇』第一巻を自費出版した。予定していた全五巻のうちの第一巻だった。出版されることによって、実に六十八年ぶりに事件の概要がこの世に甦ったのである。小笠原孤酒はその本が東京の出版社の目にとまり、出版に至るのではないかという目論見があったようだ。しかし、事態は違う方向に向かった。

小笠原孤酒が書いた『八甲田連峰吹雪の惨劇』を読んだ新田次郎がさらに調べ、翌一九七一年(昭和四十六)に小説『八甲田山死の彷徨』を一気に書き上げ、出版してしまったのである。とたんにベストセラーになった。孤酒は自分の本が有名作家の小説の元になったことを喜んだ。が、その一方で愕然ともした。鉄太郎たちがひどい扱いを受けたことが明確に書かれていなかったばかりでなく、青森隊と弘前隊は関係なく雪中行軍をしたのに、連絡し合って山中で会うことにしたことなど、ところどころ史実が曲げて書かれていたからだ。おもしろくするためにありもしないことを書いていいのかと思ったのだ。

一九七四年(昭和四十九)、孤酒は『八甲田連峰吹雪の惨劇』第二巻を出したが、小説『八甲田山死の彷徨』が出版されたあとである。少しも注目されなかった。その三年後の一九七七年(昭和五十二)に『八甲田山死の彷徨』を原作とする映画『八甲田山』が公開された。この年、邦画配給収入第一位を記録している。

こうして「八甲田雪中行軍事件」はすっかり有名になったが、小笠原孤酒は、世間から忘れ去られ、失意のうちに一九八九年（平成元）に亡くなった。孤酒は『八甲田連峰吹雪の惨劇』を全五巻にする予定だったが、知人らから借りた金で取材し、身を削って書いた本が売れず、資金がなく出版できないまま未完に終わった。事実を追求した書物は歴史に埋もれ、事実が脚色されておもしろく仕立てられた小説、映画が多くの人に読まれ、そして観られているというのはなんとも皮肉な話である。

「七勇士」を讃えた石碑はその後、さまざまな事情で何度か移転されたが、二〇〇二年（平成十四）に行われた百周年には七勇士の末裔《まつえい》や関係者が集まり、「雪中行軍案内者を偲ぶ会」が催された。また、地元NPO法人が鉄太郎らの功績を讃えるために図書館などで講演会や展示会を開催している。七勇士は小説や映画ではきちんと描かれなかったが、今でも町の人の心のなかには脈々と生きているのである。

それにしても鉄太郎たちが八甲田山中で見た、真夜中に現れた人影はなんだったのか。全員が鬼籍に入っている今となっては、調べる方法もない。謎のままだ。

菅江真澄と暗門の滝の謎

世界遺産の白神山地に暗門の滝と呼ばれる滝がある。岩木川の支流、暗門川に懸かる滝で、下から第一の滝、第二の滝、そして第三の滝というように三つの滝からなり、その総称である。いずれも男性的な滝で、多くの人が訪れている。

ある年、赤石マタギの吉川隆*とその暗門の滝を歩いていたとき、唐突に「この暗門の滝に江戸時代後期の旅行家、菅江《すがえ》真澄《ますみ》が来たことがあるらしい」といった。しかも二回、最初は真冬で次は夏という。今でこそ世界遺産の白神山地は有名観光地となっているが、当時は広く知られていなかったはずだ。いったいなぜ、こんなところにと思ってしまう。しかも夏ならまだしも真冬にである。

「菅江真澄は弘前藩に暗門の滝を見たいから訪問の許可をほしいと何度も頼んだが、許可が下りなかった。その後何度も頼んでようやく許可が下りたのが真冬だった。滑ったら滝つぼに落ちて一巻の終わりの冬だ。なぜ、そんなときに意地悪く許可したのかというと、弘前藩は暗門の滝にある秘密を菅江に知られたくなかったためらしい。その反対に菅江は冬でもいいからとにかく行って、暗門の滝の秘密をなんとか暴きたかったようだ」

そういうと、吉川は滝を見上げた。暗門の滝にはいったい、どんな秘密があったのか。

菅江真澄は江戸時代後期、三河（現在の愛知県豊橋市付近）に生まれた旅行家、博物学者である。三十歳の頃に「各地の古い神社を参拝したい」と三河を出奔、信州を経由し、東北、蝦夷地まで足を延ばした。草本学に詳しく、草本から薬を作り、苦しんでいる者を助ける医者的なこともしたようだ。

その一方で旅をしながら『菅江真澄遊覧記』と称される旅日記を、得意だった細密画と共に残したほか、随筆なども書いている。その数二百冊以上もあり、このうち七十七冊十二帖が国の重要文化財に指定されている。七十六歳に秋田の角館で亡くなるまで一度も故郷、三河に帰らなかった。実に五十年近くも主に東北を旅していた人である。

後年の民俗学者、柳田國男はそんな菅江真澄を「日本民俗学の開祖」と讃えた。

しかし、その一方で謎の多い人でもあった。故郷を出てから亡くなるまで五十年近く放浪の旅をしていたが、何より収入先が不明だった。秋田藩では地誌作成の依頼を受けてそこで六年、それ以外にも弘前藩と松前藩などで働き、賃金を数年もらっていたといわれるが、知られているかぎりではたったの十数年である。残りの三十数年は不明となっている。友人、知人の家に寄食したり、草本から薬を作り、それを患者に投与したお礼にいくばくかの金をもらったとしても無理がある。

そのためか、菅江真澄は江戸幕府の間者、すなわちスパイで、地方の藩の内情を調べていたのではないか、そして、その情報を書いた文書を密かに配下の者に渡し、それと交換で軍資金をもらっていたのではないかという噂が出ているほどだ。

作家の中津文彦は『天明の密偵』と題して、菅江真澄を小説で描いているが、菅江は、田沼意次が老中として権力を持ち、蝦夷地に巨大な陰謀をもたらしていたのを調べるために向かったのではないか、そして東北各地の藩の内情も調べていたのではないかと、謎めいた人物に描かれている。

菅江が暗門の滝のある津軽に入ったのは一七九五年（寛政七）で、松前から帰ってきてからといわれている。四十一歳のときだ。津軽に入ると、さまざまなところを訪ねたようだが、翌一七九六年（寛政八）秋に、当時盛んに銅を産出していた尾太鉱山《おっぷ》（現・西目屋村）に行っている。そして、その後十一月一日、新暦では十二月半ばに暗門の滝を訪ねている。山奥の鉱山といい、暗門の滝といい、少なくとも物見遊山で行く場所ではないし、行く人もまずいない。

菅江はこの暗門の滝で地元の山子（杣夫）、おそらくマタギであろう、数人の男たちに遭っている。菅江はそのときのようすを『雪のもろ滝』にこのように書いている。「斧をさげ、鼻歌を歌いながら峰を下って帰ってきた山子（杣夫）たちが、（自分のことを）なに人だろうと驚いているようすなので、この滝を見にはるばると来た旅人だと伝えたのを聞いて、『これはまた驚いたことだ。このような深山の奥は、夏でさえ、ほかの人のたやすく越えることのできない険しい山々、荒い山川のいくつもの瀬を越してこなければならない。しかも雪の降る十一月の季節に、もろ滝（暗門の滝のこと）を見ようという人の来た例があるだろうか。こんな岳山を朝夕踏み慣れている山男さえ、できないことだ』といいながら、自分たちも飯を炊いて食った」

マタギたちが驚いているようすが見てとれる文章だ。見慣れぬ男が山のなかに突如として現れたのだから驚かずにはいられなかったのだろう。菅江は、この暗門の滝とその周辺を絵に描いて残している。その絵は今でも残っていて、雪の山々に囲まれた暗門の滝が描かれている美しい絵である。この滝のどこになんの秘密があるというのか。

その秘密は、弘前藩がそれより百年ほど前から家伝秘薬「一粒金丹」という鎮痛、強壮に効く薬を販売していたことに関係しているといわれている。一粒金丹の原料には、ケシからとれるアヘンが使われていた。弘前藩は城下の平賀というところでケシを栽培し、アヘンを作っていた。一説には、日本で最初にケシを栽培したのが津軽で、江戸では「津軽」という言葉はアヘンの隠語といわれるほど知られていたという。

この薬のお陰で弘前藩は月に百両もの大金を稼ぎ、藩を維持する資金にしていたというからケシは貴重な植物だったのである。しかし、いつしか菅江はどこからともなく、弘前藩は暗門の滝の上に隠し田を作り、ケシを栽培しているという情報を摑んだようだ。幕府に認可された栽培はよいが、隠し田はもちろん御法度である。金を持ち、力をつけると、幕府に対する謀反に発展しかねない。そのため、幕府から正確なところを調べよという命がきたか、あるいは間者として、自分で調べて報告しなければならないと思ったのではないか。

しかし、菅江が暗門の滝を見たいと申し出ると、弘前藩は断った。秘密が知られると死活問題になるのである。菅江は執拗に申し込んだ。弘前藩は、思案の結果、冬ならケシが雪の下深くに埋まっているために発見されないと考え、訪問を許した。菅江は、行けば何かを摑めると思い、向かった。しかし、目的地は豪雪地帯である。深い雪のためにケシを探すことはできなかった。その代わりにマタギに会った。ケシ畑の番人だったのか、それとも単に寒マタギをしていた者たちだったのかは定かではないが、いずれにしろ、菅江は、はるばる見にきた旅人ですと誤魔化し、正体を明かさなかった。そして、菅江は内心、雪がなくなった頃に再び来ようと考えた。

だが、菅江にこれ以上の詮索をさせたくない弘前藩は、翌年、菅江を弘前藩主津軽寧親《やすちか》によって開設されたばかりの藩校である稽古館に呼び、薬事係に任命した。そして、領内の山野で薬草を藩医と収集する仕事をさせた。弘前藩は、菅江に仕事を与えることによって、隠し田の追及をやめさせようと懐柔策をとった、と考えるのは穿《うが》ちすぎか。

菅江は表面上、弘前藩にいわれるままおとなしく仕事をしていた。が、翌一七九八年（寛政十）五月（新暦では六月）に約二年ぶりに再度、暗門の滝を訪れた。調査を忘れていなかったのである。今度は雪がないため、じっくり見て、隠し田を発見し、幕府に報告した、のではないか……。

翌一七九九年（寛政十一）四月、弘前藩は突如、菅江を薬事係の任から外した。おそらく、暗門の滝を再度訪れ、隠し田を発見し、幕府に報告したのがわかったからではないか。本来なら罪人として処刑されるところであろう。しかし、幕府の間者を処刑したとなれば、どんなお咎めがあるかわからない。下手をすれば、弘前藩がお取り潰しになるかもしれない。そこで弘前藩は、穏便に済ますため、菅江に過去二年間の報酬である金と帰国費用五両を与えた。これでなにごともなかったことにしようとした、のではないか。

だが、菅江はその後二年間も弘前藩領に残って、薬草収集をしたり、地元住民からさまざまなことを見聞きした。その事柄をまとめ著したのが、『岩木山物語』『善知鳥《うとう》物語』『浪岡物語』である。任を解かれた以上は死ぬ覚悟で弘前藩の内情を徹底的に調べたのだろう。すると、弘前藩はさらに気分を害し、村人に必要以上に接近し、見たことを丹念に記録したことによって、ますます菅江は間者ではないかと疑った。そして結局は、追放されることになった。

一八〇一年（寛政十三）、弘前藩は菅江が著した三冊の本や弘前藩にいた時期の差

江戸時代に菅江真澄が訪れたといわれる暗門の滝。
滝の周辺に隠された秘密を探すためだったといわれているが、
菅江真澄は発見することができたのだろうか。

し障りのある部分を没収し、とうとう弘前藩を追放した。四十七歳だった。弘前藩に来てから約六年間滞在していたことになる。

菅江は追放になっても故郷の三河には帰らなかった。普通なら望郷の念にかられ、帰るのではないか。しかし、その後も菅江は、久保田藩（秋田藩）の北部や南部藩の鹿角地方などの旅を続けた。間者の任務を遂行するためだったのだろうか。

一八二九年（文政十二）、菅江は秋田の角館で病のために謎に満ちた生涯を閉じた。享年七十六だった。現在、没収された日記や記述した三冊の本は発見されていない。隠蔽されてしまったのだろうか。

後年、柳田國男は、「菅江には学問以外の隠れたる目的は絶対になかった。つまり、菅江は純粋に自分の興味の赴くままに調べただけだ」と断言した。幕府の間者という噂がほんとうなのか、それとも柳田國男が正しいのか……。

それはともかく、暗門の滝の上に隠し田はあったのか。

吉川はこういった。

「前に、隠し田の噂を確かめるために見にいったことがある。道が狭くて歩くのはたいへんだったが、その先に急にそこだけ藪になっていたものの、平らになったところがあった。結構広かったな。不思議な場所だった。正直、人工的な匂いがした。ケシは咲いていなかったが、まるで何か栽培した跡のような気がした。俺はそこが隠し田だったのではないかと想像しているけれど、どうだろうか」

今となっては、正確なところは誰にもわからない。それこそ藪のなかである。

*吉川 隆（よしかわ・たかし）元赤石マタギ。一九五〇年（昭和二十五）、青森県西津軽郡鰺ヶ沢町生まれ。江戸時代初期から続く赤石マタギで二十一代目といわれるが、二〇〇四年（平成十六）白神山地が鳥獣保護区になったため吉川の代でマタギは終わった。

尾太鉱山跡で見つかった白骨

白神山地に尾太岳《おっぷ》（標高一〇八四メートル、世界遺産登録区域外）という山がある。ある日、この山麓をひとりのマタギが歩いていたときのことだ。ふと見ると、山の斜面の一角が崩れていた。数日前に大雨が降ったため、土砂崩れが起きたのかもしれない。そう思いながら通りすぎようとすると、土のなかから何か白っぽいものが出ているのが見えた。なんだろうと思い、近づいてみた。もしかしたら動物の骨かと思った。ときとして、山のなかで雪崩にやられたカモシカなど動物の骨を見ることがあったからだ。が、よくよく見て驚いた。それは、なんと人間の骨だった。しかも錆びてボロボロになった鉄の輪がはめられていた。

鉄の輪といえば、昔の罪人に対して手枷《かせ》、足枷に使われた道具ではないか。罪人がなぜ、こんな山のなかに埋められているのか。マタギは首を傾げながらあたりを見回した。すると、骨はそれだけでなく複数見られた。もしかしたら、ここは罪人の墓場だったのではないか。

そう気づくと、マタギは以前、村の古老が尾太鉱山では昔、罪人を人足として使っていたらしいといっていたことを思い出した。確かに近くに尾太鉱山跡がある。もしかしたら、ほんとうにここは尾太鉱山の罪人の墓場だったのかもしれない。

尾太鉱山は今でこそ閉山し、坑内から流れ出る鉱毒を処理する作業が細々と続けられているが、始まりは千年以上も前の平安の中期頃からといわれている。銅が掘られ、銅像や銅銭の材料にするために中央に送られたという。その後も長い間、銅のほかに金、銀なども産出した鉱山だった。尾太鉱山がいちばん盛んだったのは、江戸時代の中頃といわれている。藩政時代、弘前藩が鉱山を藩領とし、利益を得たようだ。一説には、八百人ほどの鉱夫がいて、その家族らを入れると、二千四百人もの人が住んでいた。弘前、青森に次ぐ人口があり、店ばかりか女郎屋もあり大いに賑わった。さらには江戸幕府に迫害された隠れキリシタンも流れ流れて、この尾太鉱山に住んでいたという。

一七九六年（寛政八）の秋には菅江真澄*が暗門の滝を訪れた後に、自らの興味なのか幕府の間者としての偵察なのかは定かではないが、この尾太鉱山に来ている。そして『菅江真澄遊覧記』の一節に「銅ほるところ」と記している。

いつ頃からか不明だが、坑内に水が出るようになったようだ。水が出るというのは、鉱山ではよくあることだ。掘り進むうちに地中深く掘らないと鉱石が採れなくなり、さらに深く掘る。すると、それと引き換えのように地下水が湧き出る。湧水を外に出さないと坑道が水没して採掘できなくなる。その水を排出するための人足が必要になる。最初は近隣の農民に半強制的にやらせていたらしいが、過酷すぎて、長続きせず、みな逃げ出してしまった。

弘前藩はどうしたらよいかと頭を抱えた。すると、越後の佐渡金山で水が出たとき、江戸の無宿人を佐渡まで連れていき、水替人足にさせたという話が聞こえてきた。

そんな情報を得た弘前藩は、藩内につながれている罪人を使うことにした。そして弘前から罪人を次々と尾太鉱山に連行しては、水替人足として使った。一日交替でやらせたが、過酷な仕事だった。ポンプのない時代である。水につかりながら、桶に水を入れ、手渡しで際限なく繰り返されていたのだろう。過酷すぎてやはり逃げ出す者が多かった。追いかけて捕まえ、また、仕事をさせられた者もいた。なかには見せしめに磔《はりつけ》にされた者もいたという。

山中に逃げた者もいた。そんな逃亡者を捕まえるために弘前藩は追手を増やしたが、その経費が年々増え、弘前藩の財政を圧迫したといわれている。

こうして尾太鉱山では、過酷な労働をさせられたために罪人たちが次々と死んでいったのだろう。そうして死んでいった罪人たちが鎖につながれたまま埋められたのが、鉱山近くの山のなかだったのではないか。

マタギは、いまだに無念で成仏できない罪人が何百年もの時空を超えて骨となって再び地上に姿を現し、供養を願っているのではないか。そう思ったという。


*二七ページの「菅江真澄と暗門の滝の謎」を参照。

雪男を求めてヒマラヤに行ったマタギ

一九七二年（昭和四十七）、日本山岳会の谷口正彦氏ら有志により、第一次ヒマラヤ雪男探検隊が組まれた。それから二年後の一九七四年（昭和四十九）に第二次ヒマラヤ雪男探検が行われた。その第二次探検隊に阿仁マタギの鈴木松治*をはじめ鈴木辰五郎、佐藤伝蔵、西根正の四人が参加を要請された。理由は、第一次探検で「雪男の足跡」を「発見」できたが、登山家だけでは追跡できなかったため、山を縦横無尽に駆け巡ることができる猟師、マタギの力が必要だということになったのである。

松治らは二月にネパールに入った。それからエベレスト、カンチェンジュンガなどの山域を約千キロにわたって歩き、雪男を捕まえるために足跡を探したり、罠をかけたりした。そして四ヶ月後の五月に日本に帰国した。

しかし、松治らにとっては楽な旅ではなかった。まず、ヒマラヤの大きさに度肝を抜かれた。行く前は、秋田の山の延長くらいとしか思っていなかったが、その百倍、いや、千倍も大きい山に驚いたそうだ。何千メートルもの高さから落ちてくる雪崩の音に身も心も縮み上がったほどだという。

「私たちはまるで井のなかの蛙だったですな」と松治は苦笑したものだ。

そればかりか、鈴木辰五郎、西根正が次々と高山病になり、途中で帰国してしまった。松治は途中で帰国こそしなかったが、任期を満了できるのだろうかと心配になり、毎晩、縁起でもない自分の葬式や墓の夢を見て不安にかられた。プライド高き阿仁マタギも形なしだった。しかし、松治は持ち前の負けん気で気持ちを引き締め、その後も探検を続けた。

そのお陰か、エベレスト南壁で動物の足跡を発見することができた。雪男の足跡発見かと隊員は色めきたった。が、松治はサルの足跡ではないかと思った。秋田の山で見たサルの足跡によく似ていたのだ。サルの足跡は最初は小さいが、雪が解けると少しずつ広がり、まるで大きな動物が歩いたように見えるからだ。

また、地元民の証言のなかに雪男が振り返ってこちらを見ていたという話があったが、それはクマではないかと思った。クマは人間などの気配を感じ後ろを振り向くとき、立ちあがって見ることがある。それが人間が振り向く姿によく似ているのだ。

松治は秋田の山で動物の立ち居振る舞いや足跡を数多く見ているので、そのあたりは冷静な判断ができたはずだと語った。結局は、松治ら第二次探検隊でも「雪男」の発見はできなかったのである。

しかし、松治は行った価値はあったという。

「雪男には会えなかったが、ヒマラヤの山中でグルン族*と知り合えたのがよかった。自己紹介のとき、私は自分を日本で猟師をしています。日本では猟師のことをマタギといい、そのグループの長《おさ》をシカリといいます。私は、そのシカリを務めていますといったんだ。そうしたら、グルン族の人たちの目が急に輝いた。そして、互いに何か頷き合っている。通訳になぜ、彼らは頷いているのかと訊くと、通訳がグルン族は猟師のことをシカリといいます。猟師の長と猟師の違いはありますが、猟師には変わりありませんといったんだ」

それを聞いて松治は「日本から数千キロも離れたヒマラヤの山中で、猟師をシカリと呼ぶということを知っただけでも嬉しかった。もしかして、わしらのご先祖様はグルン族だったのかもしれないと思った」といった。

*鈴木松治（すずき・まつじ）元阿仁マタギ。一九二〇年（大正九）、秋田県北秋田郡

阿仁町（現・北秋田市）打当生まれ。阿仁マタギを代表するシカリであった。狙ったクマは一発で仕留めるだけでなく、頭に銃弾が撃ち込まれていたため「頭撃ちの松」と呼ばれた。
＊アンナプルナ連峰の南斜面に住む民族で狩猟に長けている民族。

第二章　マタギ伝説

山の神様はオコゼと男根がお好き？

赤石マタギの山下一孝*がまだ若い頃、仲間と槍《タテ》をかついで猟に行ったときのことだ。山下たちは尾根でクマが現れるのを待っていた。やがて、勢子（追い立て役）に追われてクマが斜面を登ってきたのでみなは構えた。すると、なぜかクマが山下に向かってきた。まだ経験不足だった山下は驚いた。まさか自分に向かってくるとは思わなかったからだ。凄いという思いと怖いという思いが両方あった。腰が引けていた。それでもクマに槍を向けた。すると、クマが立ち上がって山下を襲おうとした。山下は腰に力を入れて槍をクマに突き刺した。しかし、刺さる前にクマが右前足で槍を弾いた。すると槍は飛んでいき、どこかに消えた。

山下は、やられる、と思った。パニックになった。すると、仲間が「山下、逃げろ」と叫んだ。山下はあわてて逃げた。そのとたん、銃声がした。仲間が銃で撃ってくれたのだ。クマはグワオーンと呻いて目の前で倒れた。山下の三メートルほど先だった。クマの掌がゆっくりと開くのが見えた。死んだのがわかり、助かったと思った。恐怖でしばらく茫然としていたものだ。

やがて山下は落ち着くと、今度は槍の行き先が気になった。槍はご先祖様から伝わるたいせつなものだ。なくすことはできない。山下は飛んでいったほうを探した。しかし、どこにもなかった。困った。ご先祖様に申しわけが立たない。

すると、シカリがにやにや笑ってこういった。

「おい、山下、せがれを出して山の神様に見せてみろ」

「なんで、そんなことをしなければならないんですか」

「昔から失せものをしたら、山の神様にせがれを見せろといわれている。すると、山の神様が大層喜ばれて、そのお礼に失せもののありかを教えてくれるそうだ。山の神様は自分より醜いオコゼ*とせがれがお好きだからな」

山下はまさかと思いながらも、しぶしぶズボンからせがれを出した。みながにやにや笑っている。男同士とはいえ、とても恥ずかしかった。

「せがれを出しながら、周りを見てみろ」

何も起きるわけがないと思いながらも、シカリのいうとおりに周りを見た。すると、

山の神とオコゼ。マタギが山の入口でこのオコゼの干物を出し、見せる。
すると山の神は自分より醜いものがいると喜び、クマを獲らせてくれるという。
マタギ資料館（秋田県北秋田市）の資料より。

驚いた。槍が木の幹に突き刺さっているのが見えたのである。それまでその方向は何度も見ていたのになぜ、気がつかなかったのだろうか。

「あっ、あった、槍が木に突き刺さっている」

そういって指さした。みながそのほうを見た。

「わっ、ほんとうだ」

みなには一見、枝のように見えた。普通に見ていたら、わからなかったはずだ。山下はせがれをズボンのなかにしまうと取りにいった。

「いったとおりだろ、山の神様がお礼をしてくれたんだ」

「ほんとうですね」

山下はそれ以来、失せものがあると、せがれを見せようと思っているが、その後、これといって失せものがなくて、見せる機会がなかった。

「無理して失せものを作れば、山の神様を試したなどと怒られ、たいせつなせがれを切られると困るからな」

そういうと、山下は笑った。


*山下一孝（やました・いっこう）元赤石マタギ。一九二三年（大正十二）、青森県西

津軽郡鰺ヶ沢町生まれ。戦前はマタギの組に入って猟をしていたが、戦後は大谷石之丞と二人でマタギをした。約三十年間続けたが、石之丞が死去すると同時にマタギを辞めている。

＊カサゴ目オコゼ類の魚。顔が不細工な魚。マタギは猟に入る前にこの干物を山の神様にちらりと見せる。すると、山の神様は自分より醜いものがこの世にいると思い、嬉しくなり、マタギによい猟をさせてくれるという。

老犬神社由来

「古い話だが、秋田のマタギにはこんな話が伝えられているんだ」
鈴木松治はそういうと、こんな話をした。

江戸時代の初め頃、南部領鹿角郡草木（現・鹿角市）に定六《さだろく》という腕のよいマタギがいた。定六は南部の殿さまから「領内のどこでも狩猟を許す。他国に出かけるときは関所でこの証文を見せれば通行を許可する」という天下御免の巻物、狩猟免状をもらっていた。一説には、定六の先祖は鎌倉時代、源頼朝の富士の巻狩りの際に活躍したため、「全国通用の子孫永久又鬼免状巻物」なるものを拝領したという。

定六がある冬の寒い日、南蛮渡来の鉄砲を持ち、シロという犬を連れて雪のなかを歩いていった。やがて、大きなカモシカを見つけた。追っているうちに鹿角境を越え、隣の三戸《さんのへ》領内まで入ってしまった。すると、地元の役人に声をかけられ、どこの者だと聞かれた。それで定六は三戸領内に入っていることがわかった。そのとき、全国通用の巻物を出せばよかったのだが、あいにく家に忘れてきた。いくら話しても役人はわかってくれなかった。

そのため密猟者と間違えられた定六は代官所に突き出され、投獄された。そして翌早朝に処刑と決まった。定六が「巻物さえあれば、助かるのだが……」と呟くと、それを聞いたシロが急いで片道十幾里もある家に走って帰った。そして、神棚にあった巻物をくわえると、再び代官所に引き返した。しかし、定六はすでに処刑されたあとだった。

シロは定六の遺体を引きずり、峠まで行った。そして、三戸領に向かって怨みの遠吠えを幾夜も繰り返した。その声は三戸の城下に響き渡った。やがて、この三戸の城下に天変地異が起こり、定六の処刑に関連した人々はみな無惨な死を遂げたという。

定六を失った妻はシロを連れて、秋田領十二所館に近い葛原《くぞわら》（現・大館市葛原地区）に移り住んだ。シロはいつの間にかいなくなり、捜すと近くの丘で死んでいた。その後、その丘を武士が馬で通りかかると突然馬が暴れ出し、落馬して大怪我をする、ということが幾度となく起きた。

村人は定六を殺した武士に対するシロの怨念だと恐れ、供養しようと山腹に神社を建てた。それが現在もある老犬神社という。忠義な犬を祀るという、ほかにあまり例を見ない神社である。祀られた後に神社の下に湧き水が出た。畑に流すと害虫駆除ができた。これはシロの恩返しだと地元の人はありがたく思っているそうだ。

サゲフリ

マタギは春になると山中のマタギ小屋に泊まって狩りをした。そしてクマが獲れると、その夜、山の神にお礼をした。そのひとつがサゲフリ（クライドリとも）といわれる行事だ。

まず、猟に参加したマタギ一同が小屋のなかに焚き火を囲むように車座になる。それから山の神の祭壇に向かって、いちばん年の若い男、コマタギ（見習いマタギ）が裸にされ、股を広げて立たされる。ほかの男が若い男の男根を揉んで勃起させる。さらに男根に木の燃えさしを麻ひもで結んでぶら下げ、左右に振らせる。

男は恥ずかしいやら熱いやら煙いやらで身をよじる。しかし、声を上げてはならない。しばらくそうやって、山の神に見せる。周りの人は声を押し殺して黙って見ている。

やがて、シカリが「山の神様がお喜びになった、おほほほ」と手を口に添えていうと、ほかの者もおほほほと笑う。それがサゲフリという行事という。男根が好きという山の神様へのお礼である。

この儀式が、マタギの間では猟がうまくいくことにつながると信じられていたという。きっと退屈なマタギ小屋での楽しみであり、同時に仲間意識を高める行事だったのだろう。また、この儀式を済ませると、若いマタギは、コマタギから一人前のマタギとみなされたが、なんとも奇妙な儀式である。

同じような行事に「クマ舞い」というのもあったという。若いマタギにクマの毛皮を着せた。それを「イタズだ」*といってみんなが棒で突っついた。若者は、「うおっ、うおっ」といいながらクマの真似をした。すると、山の神様は大層喜ばれたという。

これら以外に「サンゾク・ダマリ」というのもある。これはマタギが初めての少年にやるものという。小屋の外に裸にして出し、水垢離《みずごり》をとらせる。近くの沢で水を頭からかぶるのである。春の雪解け水は氷のように冷たい。寒さで震え、心臓が激しく動悸を打ち、気を失いそうになるほどだ。それが済むと、焚き火の前に座らせる。もし、それでマタギ修業が嫌になれば、逃げ出し、もう来なくなる。しかし、それでもマタギになりたい根性のある者は次からもついてくるという。

どうやら「サンゾク・ダマリ」はマタギの資格試験だったようで、苦行を成し遂げられた者だけがマタギになれたのだ。しかし、戦後はほとんどやらなくなったという。

＊マタギ言葉でクマの意。

神様になったマタギの常徳

昔々、目屋村の中畑というところに常徳《じょうとく》というマタギがいた。男前で背が高い若者だった。猟の腕もよく、クマをよく獲り、裕福だった。そんな常徳に惚れて結婚したのが女房だった。

ある日、常徳はひとりでマタギに行くことにした。出かける前に髭を剃り、髪をしばった。下着も替えた。これは猟に行くための身だしなみであり、山の神様に対する礼儀であった。身ぎれいにすれば山の神様が喜び、獲物を与えてくれるといわれていたからだった。

常徳は猟犬二頭と共に大沢川に出かけ、ユアバというところにあるマタギ小屋から、その奥の鍋倉沢で猟を始めた。

常徳はクマを獲って、金になったら可愛い女房に着物でも買ってやろうと考えていた。しかしその日、いくら山のなかを歩いてもクマは獲れなかった。いつもならすでに一頭や二頭は獲れているはずだ。どうしたのだろう、おかしい。そう思って下流の沢のほうに目を向け、あたりを見回すと、木の陰に女房が隠れているのが見えた。

マタギが猟をするところは、神聖なところとされ、女人禁制だった。なぜ、こんなところに入ってきたのか。その理由は女房の嫉妬にあった。猟に出かける前に常徳が身ぎれいにして出かけたのを見て、女房は、常徳が山に自分以外の女を匿《かくま》っているのではないかと邪推し、あとをつけてきたのである。

「なんてこった。旦那である俺のことを信じられないとは……」

常徳は愕然とした。クマが獲れないのは、山の神様が怒り、クマを隠したからだと思った。そうなると、もうここでは猟ができない。すぐに去らなければならない。常徳は槍を口にくわえ、猟犬を両脇に抱き抱えると、空中に舞い上がり、尾根ひとつ隔てた大川の沢辺にある平地に飛び降りた。

後にこの沢は常徳沢、平地は御座の間と呼ばれるようになった。ここにはそのときの足跡が残っているといわれている。常徳はそこから一跳《ひとはね》の沢に飛び、さらに暗門川上流の妙師崎沢から高倉山を飛び越え、白神岳の彼方に飛び、山の神様になったという。

兼吉穴

青森県の西目屋村にはこんな伝説がある。

江戸時代、西目屋村に兼吉というマタギがいた。当時のマタギは弘前藩から特権が与えられ、殿さまの行列が目の前を通ってもほかの町民のように土下座をしなくてもよいとされていた。また、編笠をかぶったまま堂々と弘前の城下を歩いたという。それほど弘前藩はマタギを重んじていたのである。

兼吉は腕がよく多くのクマを獲った。たとえば、赤石川の奥にキシネクラ沢というところがあり、その断崖にクマが棲む穴があった。兼吉はその穴に入ってクマを獲ろうと考えた。崖の上から縄で下り、宙づりになると、反動をつけて穴に潜り込みクマを獲った。そこでは繰り返し何頭ものクマを獲った。そのため、その穴が兼吉穴と呼ばれるようになった。

そんな兼吉が大川のオリサキ沢を歩いているとき、母グマと三頭の子グマと遭遇した。四つグマである。普通、クマは二頭の子どもを産むが、三頭は珍しかった。そのため親子で四頭、すなわち四つグマは山神様の化身といわれ、獲ってはならないというオキテがあった。

オキテを重んじるマタギは手を出さなかったが、欲深い兼吉は四頭がだめなら三頭はいいだろうと勝手に考え、母グマと子グマ二頭、合計三頭を獲った。さらに兼吉は残りの子グマを見て、一頭残しておいても乳も飲めないからすぐに死ぬだろうと考え、残りの一頭も殺してしまった。とうとう禁断の四つグマを獲ってしまったのである。

兼吉は祟りのことも気にせずに意気揚々と家に帰ったが、その後、八人いた子どもが熱を出したり、腹痛を訴えるなどして次々に死に、とうとうみんな死んでしまった。ひとりぼっちになった兼吉は寂しいので養子をもらった。そして、その子に全財産を譲ると、やがて元気がなくなり、床についた。夜毎、うわ言で「すみませんでした、申しわけありませんでした、もういたしません」と誰かにひたすら謝るようにしていた。

「お義父さん、大丈夫です、何も気にすることはありません」と枕元で看病していた養子がいうと、「そうか、それはよかった」といい、安心した表情をして息を引き取ったという。

「鬼は内ー、鬼は内ー」

昔、赤石川の奥に大然《おおじかり》*という集落があった。ここは、わかっているだけでも江戸時代からマタギが行われていたところだった。この集落に孫左衛門という若い男がいた。まだ若いのに、なぜ孫左衛門などという古い名前がついているのかというと、代々戸主が名前を受け継いだからだった。

何代目か不明だが、その孫左衛門も農業をするかたわらマタギに行き、クマを獲っていた。そのため、たいていのことは知っているつもりだったが、ひとつわからないことがあった。それは節分のとき、ほかの家では「福は内ー、鬼は外ー」といって豆を撒くのに、自分の家だけは「鬼は内ー、鬼は内ー」ということだった。親に聞いても、大人になるとわかるからと、教えてくれなかった。そのため、節分のときはわからないながらも、「鬼は内ー、鬼は内ー」といって豆を撒いていた。

ある年、孫左衛門が病気になって、田を耕す元気がなくなっていた。早くしないと今年は米を作れなくなると心配したが、力が出なかった。

「困ったな……」と呟きつつも、寝てばかりいた。

すると、屋根裏で物音がしたかと思うと、すぐに静かになった。そして、しばらくすると再び物音がして静かになった。いったいなんだろうと思ったが、よくわからなかった。

翌日になって、村人が家に来て、

「田がきれいに耕されている。体具合が悪いのによく頑張ったな」といった。

が、孫左衛門はなんのことかわからなかった。いったい誰がやったのだろう。孫左衛門は、首を傾げるばかりだった。

村人は「とぼけちゃだめだよ、知り合いに強力な助っ人がいるんだろう。来年はうちの田もその連中に頼むよ」というのだった。しかし、もちろん強力な助っ人などいなかった。

翌年の春。元気になった孫左衛門は、近いうちにマタギに出かけようと思って準備をしていたが、赤石川が氾濫して橋が流された。

「これでは向こうの山に行けない。困ったな……」と呟き、腕を組んでいた。

するると、屋根裏でいつかのように物音がした。見ていると、家の天井裏からぞろぞろと屋根を伝わって何かが出ていった。よく見ると、それは頭にツノが生え、虎の革でできたふんどしをしめた大きな鬼たちだった。

孫左衛門は鬼の出現に驚きながらも、鬼たちがどこへ行くのだろうとこっそりあとをつけた。じきに鬼たちは、風で倒された太く長いスギをやすやすと担ぎ、そして流された橋のたもとに行って新しい橋を作り始めるのだった。なかには川の真ん中で腰まで水につかりながら、赤い顔をさらに赤くして作業をしている鬼もいた。

やがて、立派な橋ができた。鬼たちは手や体についた泥を払い、満足そうに頷き合うと、「田を耕すより楽だったな」といった。それを聞いて、孫左衛門は、田を耕したのはこの鬼たちだとわかった。鬼たちは、それから再び孫左衛門の家の屋根裏にぞろぞろと帰っていった。孫左衛門はそんなようすを見ながら、なぜ、家の屋根裏に鬼が住み、田を耕したり、橋を作ってくれたのだろうかと考えた。しかし、考えてもよくわからなかった。

孫左衛門は、家に帰ると年を取って寝たきりになっている父親、先代の孫左衛門の枕元に座って、「鬼が屋根裏に住んでいて、田を耕したり、壊れた橋を直したりしているのを知っているか」と聞いた。すると、父親はこういった。

「知っている。俺たちは昔から鬼をたいせつにしてきたから住みついてくれているのじゃ」

「鬼をたいせつにしたから住みついた？」

「そうじゃ。俺たちマタギは獣を獲って生活してきた。獣を獲るとき、可哀想だと思っていると、逃げられるだけでなく、逆に獣にやられてしまう。鬼のような気持ちになって向かわなければ獲れない。生きるか死ぬかの真剣勝負だ。だから獲物が来たとたん、心を鬼にする。すると獲れる。獲物が来るたびにまた鬼になる。字にすれば又鬼、すなわちマタギ。心のなかに鬼がいなければマタギはやれないということだ。節分のとき、『鬼は外』ではなく『鬼は内、鬼は内』といったのもそのためじゃ。もし、鬼は外などといったらどうなる。鬼は愛想をつかして出ていってしまう。そうなればマタギはできなくなる。鬼はたいせつな相棒なんじゃ」

「ということは、昔からマタギは鬼をたいせつにしているから、お礼に畑を耕してくれたり橋を作ってくれたりするということなのか」

「そうじゃ、鬼の恩返しなのじゃ」

「そうか。それでようやくわかった。屋根裏に鬼が住んでいることも、節分のとき、うちだけが鬼は内、鬼は内といっていた理由も」

孫左衛門は、昔から疑問に思っていたことをようやく納得したのである。


それからしばらくしてその年も田を耕す季節がやってきた。その年は孫左衛門が元気だったので自分で耕したが、欲が深く、楽をしたい村人は忘れずに孫左衛門の家にやってきた。

「今年はうちの田を助っ人に耕してほしい」

孫左衛門は、「助っ人はそのうちに行くと思う」といい、村人たちは安心して帰っていった。しかし、助っ人すなわち鬼は何日経っても田に現れなかった。そのため、村人は田植えの時期を逃してしまった。村人は怒り、文句をいいに孫左衛門の家に行った。すると、孫左衛門が出てくる前に、鬼が屋根裏から顔を出すと拳を突き上げながらこう怒鳴った。

「節分のときに鬼は外、福は内といっているくせに、田を耕すときだけ俺たちを呼ぶなんざ、なんと欲が深い奴らだ。虫がよすぎる、さっさと立ち去れー、さもないと頭から食っちまうぞー」
村人は鬼の剣幕に驚いて蜘蛛の子を散らすように逃げていくのだった。

＊一三六ページ「大然集落を襲った山津波は山の神の祟りか」に詳しい。

第三章　賢いクマ

演技をして逃げたクマ

ある日、赤石マタギの山下が白神山地を歩いていると、尾根にいる一頭のクマを見つけた。しめたと思い、鉄砲の引き金を引いた。銃声が響いた。しかし外れたと思った。クマは弾が当たると、すぐに当たった部分を噛むが、どこも噛まなかったからだ。ところが、実際には弾が当たったのか、衝撃を感じたようにクマの動きがピタリと止まった。そして、立ち上がると、まるで時代劇に登場する斬られ役さながら、やられたとでもいうように、ゆっくりと斜面に落ち、コロコロと転がった。

山下は、当てたという実感がなかったため、半信半疑でじっと見ていた。当たっていたらそれでいいが、あまり落ちると持ち上げるのがたいへんだから、そのへんで止まってくれと思った。するとクマの姿が突然消えた。

山下は思わず「くそっ」と叫んだ。ほかでもない、クマは転がりながら、途中にあった細い立ち木の近くに来ると、右前足をひょいと出して、引っかけた。そして、その反動で九十度曲がったかと思うと、右側の草むらに入ってしまったのである。それきり静かになった。あっという間のできごとだった。

銃声を聞いたクマは当たったフリをして、斜面を転がり落ち、木に前足を引っかけて草むらに消えたのである。生きるためにそんなことまでするのかと思うと、山下は改めてクマは賢い動物だと思った。

「やられたぁと、こっちがいいたかったよ」

そういって笑った山下だった。

クマに騙されたマタギ

春のある日、山下がひとりで白神山地を歩いていると、雪の上にクマの足跡を発見した。それも真新しい足跡だった。これならそんなに遠くへは行っていないな、しめしめと思いながら追っていった。ところが突然、足跡がなくなった。おかしい、どこへ消えたのかと思いあたりを見回すと、左手にスギの大木があった。見ると、そこからクマの尻が見えた。クマは背後から山下が来るのがわかると、道から飛び跳ねて、スギの後ろに隠れたのである。

山下は、ゆっくりとクマの背後から近づいた。静かに歩いているつもりでも、どうしても雪を踏むザクッ、ザクッという音がする。クマは山下が来る気配を感じたのだろう、心なしか早く歩き始めた。そこで山下は、逆に回り、正面から狙おうとして踵《きびす》を返した。すると、それに気づいたクマもくるりと向きを変えて逆に歩き始めた。山下の目の前に再びクマの尻が見えた。

山下は「まるで鬼ごっこだな」と思うと、おかしくて笑い出しそうになった。そんなことを二、三度繰り返した。クマは子別れしたばかりの、まだ子どもなのかもしれない。まだ遊びたい盛りなのかもしれないと思った。クマは約二年、母グマと一緒に過ごすが、その時期が過ぎると子別れをする。まだほんの子どもだ。撃たずに連れて帰ろうかなどと思った。

そうしているうちに追いかけてもクマの尻が見えなくなっていた。

「あれ、おかしい、どうしたのだろう」

山下は足早になって木の周りを歩いた。しかし、クマはいなかった。木に登ったのかと思い、上を見上げた。クマは木登りが得意だ。急きょ、上に逃げたのかもしれない。しかし、木に登っているようすもなかった。

そのとき、離れたところにある雪の斜面から雪の塊がころころと転がってくるのが見えた。その上を黒いものが動いている。よく見ると、クマが脇目も振らずに雪の上を必死で逃げている姿だった。山下は、銃を構えたが、あれよ、あれよという間に見えなくなった。

「くそっ、やられた」

遊ばれていたのは、自分のほうだったとようやく気づいた。おそらくクマは山下が来たとき、一気に逃げるとすぐに鉄砲で撃たれると思ったのに違いない。そばにあったスギの大木に逃げ込んだ。そしてスギの周りを歩きながら、逃げる機会を伺っていたのである。山下が、これはたやすい相手だと油断したとき、クマはそれがわかり、一気に逃げたのである。

「クマは命がかかっているので、逃げるためにいろいろと考える。それにしても鬼ごっこまでするとは。今でもあの悔しさは忘れられない」

山下は、そういって苦笑した。

トメ足をしたクマ

ある日、山下が山中で見つけたクマの足跡を追っていくと、突然、足跡がなくなっていた。一度逃げられた経験のある山下は「今度は騙されないぞ」と思い、周りをじっくり見た。しかし、どこにもいない。木の陰にもいない。どこかへ飛んでいったのかと思った。羽があるわけでもない。どうしたのだろうと思案に暮れていると、いつかのようにクマが必死に尾根を走っているのが見えた。鉄砲を向けると、そのとたん、森のなかに消えていった。山下は地団駄を踏んだ。

「またやられた。ああ、悔しい」

それにしてもクマはどうやって逃げたのだろう。山下は歯ぎしりをしながら道をゆっくり戻った。今後のために何か手がかりがないかと思ったのだ。すると、しばらく歩いたところに横にピョンと飛んだ足跡があった。そこから点々と斜面を登っていったのがわかった。

「どうして気がつかなかったのか」

察するにクマは歩いていたとき、遠くから山下があとをつけているのに気づいた。人間の匂いや地面に伝わる音を、耳はもちろん足の裏など体全体で敏感に感じ取ったのだろう。

クマの目はあまりよくないが、鼻はすこぶるよい。身の危険を感じたクマはそこで止まると、今度はバックしたのである。前の足跡と少しもずれずに。そして、適当なところでピョンと飛び跳ね、そこから斜面を登っていったのである。

山下はあとを追うのに懸命で近視眼的になっていた。そのため飛び跳ねた足跡まで見つけられなかったのである。このときも獲物を逃した悔しさに腹立たしかったが、クマの賢さに感心することしきりだった。あとでわかったことだが、これはトメ足といい、クマだけでなく、野ウサギも身の危険を感じるとよくやる方法だった。

スイカ泥棒

「家の畑のスイカがよく盗まれたことがあった。若い奴が軽トラでやってきては、畑から盗んであちこちの駅前などで安く売っているらしいんだ。今度捕まえたら警察に突き出してやろうと思って、畑がよく見えるところに犬をつないでおいたんだ」

ある日、やたらと犬が吠えた。スイカ泥棒だと思って、山下は右手に棍棒、左手に懐中電灯を持って畑に下りた。すると、畑のなかに人間が立っていた。

「まて、この野郎」

というと、そいつは立ったまま動かなかった。両腕にスイカを抱えていた。せっかく手塩にかけて育てたのに盗りやがってといって顔を見ようと懐中電灯を向けると、光のなかに浮かび上がったのは、なんとクマだった。スイカを両脇に抱えて立っていたのである。まるで人間がそうするように。

驚いたのは山下のほうである。鉄砲でもあったら撃つのだが、そのときは棍棒だけだった。棍棒では敵《かな》わないと思い、山下はひるんで二、三歩下がった。すると、クマはその一瞬の隙をついてくるりと向きを変えると、スイカを抱えたまま、人間が走るようにドタドタと逃げていった。そして闇のなかに消えた。山下は啞然として、その後ろ姿を見送るばかりだった。

いくらスイカ泥棒でもクマを警察には突き出せない。山下はその滑稽な姿に腹が立つより、おかしくて思わず笑ってしまった。しかし、この次に来たら鉄砲を持っていこうと思ったのはいうまでもない。

数日すると、犬がまた吠えた。今度は鉄砲を抱えて走っていった。すると、人間のスイカ泥棒だった。警察に突き出したが、撃たなくてよかったと山下は思った。

真剣白「歯」取り

「見せたいものがある」

そういうと、山下は自宅裏にある蔵から槍《タテ》を出してきた。刃が鏡のように磨かれていたが、刃先がいびつになっていた。

「これがなんでゆがんでいるかわかりますか」

山下は笑いながら、刃先の窪みを指さした。

「どこかにぶつけたとか、散弾銃の弾が当たったとか……」

山下は首を振り、こんな話をした。

戦争が終わった翌一九四六年（昭和二十一）の春、山下は友人のほかに近所の若者と五人で白神山地にクマ狩りに入った。やがて、斜面を歩いているクマを見つけた。

冬眠から覚めて、歩き始めたところなのだろう、少しよろよろしていた。よいクマの胆《い》がとれそうだ。山下は嬉しくなって、鉄砲で撃った。すると、当たった。クマは残雪の斜面をゴロゴロと転げ落ちて、ちょうど窪みのところで止まり、うつ伏せになって動かなくなった。三十メートルほども下だった。斜面には点々と血がついている。確かに弾が当たったのである。死んだか、さもなければ瀕死の重傷状態になっているはずだ。

山下は、若者二人に「下に下りて、クマを担ぎ上げてきてくれ」といった。そのとき、「もし生きていたらたいへんだから、止《とど》めを刺すためにこれを持っていけ」といって槍を手渡した。

若者は「わかりました」といって、槍を摑んで斜面を元気よく駆け下りていった。「注意していけよ。クマは追いつめられると死んだふりをして、機会を見て襲ってくるからな」

そうなると、いつ襲われるかわからない。死んでいるか死んでいないかを区別するには掌を見ればいい。死んだクマは掌を開いているが、死んだふりをしているクマは、掌を握っている。つまり、ファイティングポーズをとり、いつでも向かっていける態勢をとっているのである。生きていれば、人間が近づいたら襲いかかる。撃った奴に復讐しようとずっと待っているのである。クマは思った以上に執念深い動物だ。用心に越したことはない。

若者たちはあっという間にクマが横たわっているそばまで行き、そおっと覗いた。「どうだ、生きているか」と山下が聞くと、「かすかに息をしているみたいだ」という。

「掌はどうだ」

「握っています」

「えっ、じゃ、まだ生きている。その槍で突け、槍で。クマは死んだふりをしているだけだ。充分気をつけろ」と叫んだ。若者は、手に唾をかけると、槍を握り、突いた。ズブッと鈍い音がした。しかし、突いたのはクマではなく、股間にあった雪だった。緊張して外してしまったのである。

「へたくそめが、死にたいのか、おまえは」と、山下が怒鳴ったとたんだった。クマが右足で槍を摑んだ。若者は、あわてて引いた。しかし、取れなかった。もうひとりも手伝って引っ張った。が、抜けなかった。すると、クマは槍を右足で握ったまま、立ち上がり、二人のほうを向いた。口から血を流し、両腕を上げた。

「た、助けてくれ」

二人は同時に叫んだ。

「やべっ、助けに行くぞ」

山下はそう叫ぶと、あわてて、斜面を駆け下りた。このままだと二人はやられてしまう。手負いのクマはことのほか気が荒くなっている。復讐に燃えているのである。山下は駆け下りながら、「逃げろ、槍を離して逃げるんだ」と叫んだ。しかし、二人は恐怖のあまり、槍を持ったまま、震え、何もできずに突っ立っているだけだった。クマは鼻息を荒くして、牙をむき出し、唸り、今にも二人に襲いかかりそうだった。

山下は、現場に着くやいなや、持っていた槍をクマの脇腹に突き刺した。クマはのけぞると、ゆっくりと後ろに倒れた。間に合った、と思った。しかし、油断は禁物である。実際、クマはしぶとく、唸りながら再び起き上がろうとしていた。だが、さすがのクマも重症の身である。次第に力がなくなっていくのがわかった。そのとたん、足から槍が外れた。二人は後ろにもんどり打って倒れた。

命拾いをした若者は、山下ら味方に力を得て、クマに対して悔しさが込み上げてきたのか、立ち上がると槍を持った。そして「この野郎、ぶっ殺してやる」などといいながら、クマの口をめがけて槍を突き刺した。

すると、ガチッという金属的な音がした。クマが槍の刃を歯で嚙んだのである。クマはカッと目を見開いた。若者は槍にさらに力を込めた。しかし、槍は口の奥に入らなかった。びくともしなかった。

「くそっ、離せ、この野郎」

今度は槍を引いたが、槍は抜けなかった。クマは鼻息を荒くして、あらがった。クマは、みなをゆっくりと睨《にら》んだ。まるで、この怨みを晴らさでおくべきか、とでもいっているようだった。

それを見て、山下は、しぶとい奴だ、成仏しろともう一度、クマの脇腹に槍を突き刺した。血が飛び散った。すると、クマの体から少しずつ力が抜けていくのがわかった。そして目を開けたまま、深いため息を突いた。静かになり、とうとう絶命した。口が開き、槍が外れた。

見ると、槍の刃先は血で濡れているだけでなく、歯型がついていた。


「これがそのときの歯型なんだ。クマの奴も口のなかに槍を突っ込まれたらおしまいだと思ったのだろうな。最後の力を振り絞って、槍の刃を噛んでいたよ。まるで時代劇に出てくる真剣白刃取りのようだった。そんなクマに止めを刺してやったのだが、あれほど凄いクマはその後見なかったな。いい勝負だった。最近は、ライフルで撃って終わりだけど、ああやって、人間とクマが戦うというのは、マタギ本来の姿だと思ったな」

復讐するクマ

「クマという奴は人間が思う以上に賢い動物だ。なんせ、撃ったマタギを覚えているからな」

――クマは、鼻はいいが、目はあまりよくないと聞くけれど、顔を覚えているものなのか。

「正直、目なのか鼻なのかどちらかはわからないが、とにかく撃った奴を覚えていて、いつか仕返しをしてやろうとするのは確かだ。知り合いにクマを撃って怪我をさせたら、しつこく嫌がらせを受けたという奴がいたからな。きっと全身で覚えているのかもしれない」

――クマが人間に嫌がらせをするのか。

「そうだ」

山形県の大鳥マタギの工藤与一*はそういうと、こんな話をした。

与一には寅蔵（仮名）という仲のよいマタギがいて、よく山に一緒に行った。そして、クマを獲っては、肉を集落の人に配り喜ばれた。

その日も二人はとある峠に行き、クマが来るのを待っていた。なぜ、峠かというと、クマは餌を食べるために朝と夕方に移動するが、なるべく楽をしようとするのか、高いところを越えず、山と山の間にある窪んだところ、すなわち峠になっているところを歩く習性がある。そのため大勢で獲る巻き狩りと違い、少人数のときは峠で待つことが多かった。

しばらくすると、クマがやってくるのが見えた。寅蔵も与一もクマが近づいたら撃とうと銃を構えていた。最初に見つけたのは、寅蔵だった。与一にはクマが木の陰になってよく見えなかった。寅蔵が引き金を引こうとしたそのとき、背後から風が吹いた。とたんにクマが鼻を高くして風の匂いを嗅いだ。すぐに人間がいることを知ったのだろう、すばやく反対側の斜面に逃げた。寅蔵は引き金を引いた。銃声がし、クマの肩の部分に当たった。肉がはじけ血が飛んだ。クマはすぐに当たった部分を嚙んだ。撃たれた部分を嚙むのは、クマの習性である。人間が怪我をしたところを手で押さえるようなものだ。

クマは唸ると、今度は寅蔵のほうに向かって走ってきた。寅蔵は引き金を引いたが、あわてたため当たらなかった。そして、今にもクマが寅蔵に飛びかかろうとしたとき、与一が威嚇射撃をした。するとクマは急に方向を転換して、あっという間に斜面を下りていった。寅蔵も与一もすぐにクマのあとを追いかけたが、すでに見えなくなっていた。クマが歩いたところに血が点々と落ちていた。

「危ないところだった。助かったよ。申しわけない」

寅蔵が礼をいった。

「いやいや、木が邪魔をして、よく見えなかったので威嚇することしかできなかった。こちらこそ申しわけない」

与一は謝った。

結局、その日は、「今日は山の神様の機嫌が悪そうだ」ということになり、早々に猟をやめて家に帰ることにした。

その日の夜のことである。寅蔵が家で一杯飲んでそろそろ寝ようと思っていると、奥さんが「なんだか家の周りを誰かが歩いているような気がする、泥棒じゃないだろ

それまで冗談をいって笑っていた大鳥マタギの工藤与一だが、
クマの気配を感じると、銃を構えた。
その日は猟期の最終日だったが、朝日連峰のとある麓でクマを一頭仕留めた。

うね」といって気味悪そうな顔をした。耳を澄ますと、確かに誰かが歩いているような音がする。しかも鼻息が荒い。寅蔵は「人間じゃない。クマだ」と叫んで、棒を持つと外へ飛び出した。あたりにはクマの匂いが漂っていた。しかし、その先は闇が広がっていて、何も見えなかった。

寅蔵は家に戻り、懐中電灯を持って再び外に出ると、周辺を照らしてみた。確かに足跡があった。クマに間違いなかった。餌を探しに集落まで下りてきたのだろうか。しかし、今年はブナの実もよくなっていた。餌が不作の年のように、集落に下りて餌を漁る必要はないはずだ。どうしたのだろう。そう思いながら玄関に入ろうとすると、玄関の横に染みがついていた。懐中電灯で照らすと血だった。寅蔵は首を傾げたが、「まさか。撃たれたクマが仕返しに来たのではないだろうな」と思った。すぐにそんなことがあるわけがないと考え直したが、血の跡を見ると、もしかしたらと思うのだった。

寅蔵は家のなかに入ると、奥さんに「クマがうろうろしている。鍵が閉まっているか調べてさっさと寝ろ」といった。そして、酒をグイと飲み干すと寝床に入った。しばらくすると、奥さんが「またクマが来ている」といって寅蔵を揺すった。寅蔵は起きようとしたが、寝入りばなのために体がしびれて動かなかった。横になったま、「もしかしたら、ほんとうに仕返しをしに来たのかもしれない」と思うのだった。しかし、奥さんにはいわなかった。

翌朝。寅蔵は起きると、家の周りを調べた。クマの足跡がいくつもあった。きっと夜のうちに何度も歩き回っていたのだろう。大きな糞もあった。嫌がらせ以外の何物でもないと思った。

「くそう、今度来たら、撃ち殺してやる」

寅蔵はムッとして、銃を抱えるとクマの足跡を追った。しかし、枯れ葉が多く、足跡の追跡はできなかった。

寅蔵は、両隣りの家に「夜中から朝にかけてクマが来たようだが、お宅は大丈夫だったか」と聞いた。すると、そんな気配はなかったという返事だった。さらにその隣りの家に聞いてもクマは来ていないということだった。

(ということは、来たのは俺の家だけか。やっぱり、昨日のクマ公の奴、仕返しに来たのかもしれないな……)

その夜、寅蔵は、銃を横に置き、酒も飲まずに居間でクマが来るのを待った。七時、八時になってもクマの足音は聞こえなかった。今夜は明日の朝まで見張っていようと決めていた。九時頃、電話が鳴った。奥さんが出て、「えっ、クマがいるって。ほんとうかい」といっている声が聞こえた。

「誰だ」

「佳子です」

「えっ?」

寅蔵は急いで立ちあがると、受話器を受け取った。

「クマがいるって、どこだ」

「家の周りをクマがさっきから歩いている。ときどき壁にぶつかったりして、怖くて、怖くて。子どもたちも怖がっています。お父さん、助けてください」

受話器の奥から孫たちの泣き声が聞こえた。

「健介はいないのか」

「会合があって町に出て、まだ帰ってきていない」

「よしわかった。今すぐ行くが、戸締まりをして一歩も外に出るな」

そういうと、寅蔵は銃と懐中電灯を持って玄関を飛び出した。佳子は寅蔵の娘で、少し離れた農家に嫁いでいた。寅蔵は走りながら、可愛い孫の顔を思い浮かべた。銃は夜間発砲禁止だが、可愛い孫を守るためには、決まりは二の次だと思った。

「待ってろ、今すぐクマをやっつけてやるからな」

そう呟きながら走った。

やがて、家に着いた。二階の窓から佳子がおびえた顔をして、「さっきまでいたけれど、山のなかに逃げたみたい」と震えながらいった。

「よし、わかった。窓を閉めてなかに隠れていろ」

寅蔵は足音をしのばせて家の裏に回ったが、クマはやはり逃げたようだった。

寅蔵は、みなを寝かせたあと、ひとり家の裏でクマが現れるのを待った。しかし、現れなかった。やがて、夜が明け、あたりが見え始めた頃、寅蔵は猛烈な眠気を感じていた。家のなかに入って横になろうとして立ちあがったとき、カサカサという音がし、クマがこちらに向かってくるのが見えた。

「来た、あいつだ」

寅蔵の眠気は瞬間に吹っ飛んだ。寅蔵はそのクマ目がけて銃を放った。当たったようだ。すると、クマは立ちあがったかと思うと、グワオーンという声を上げた。寅蔵は、これでもくらえといいつつ引き金を引いた。月の輪に命中し、赤く染まった。クマの動きが止まり、次の瞬間、ゆっくりと倒れた。クマは動かなくなった。注意して近寄ると、クマは死んでいた。完全に掌を開いていた。胸をほっとなで下ろした。

するとあちこちから銃声を聞いた集落の人たちが銃を担いでやってきた。

「どうした、クマが出たか」

「ああ。娘の家の周りをウロウロしているというので昨日から見張っていたら、出てきたので撃った」

そういって倒れたクマを指さした。

「それはお見事、お見事。しかし、なんで娘さんのところに来るんだ。俺の家に来ればすぐにやっつけてやったのに。何かよほどいいものがあったのかもしれないな」と笑いながらいった。すると、ほかの人も「そうだよな、なんでだ」という。それを聞いて、クマが来たのは、集落全体ではなく、娘のところだということがわかった。

寅蔵はハッとして、クマの体をひっくり返して肩のところを見た。すると、そこに血がこびり付いているのがわかった。

思わず「あっ」といった。

「どうした」

「いや、なんでもない」といったが、寅蔵には、一昨日手負いにしたクマであり、その夜、家の周りをうろつき糞をしていったクマだとわかった。

そのクマが昨晩、寅蔵がいちばんたいせつにしていた孫のいる家を嗅ぎつけてきていたのである。それもほかの家にいっさい寄らずにである。寅蔵憎しというクマの思いがそうさせたのだろうか。

寅蔵は改めてクマとは執念深い生きものだということを知るのだった。

＊工藤与一（くどう・よいち）元大鳥マタギ。一九三三年（昭和八）、山形県東田川郡朝日村（現・鶴岡市）生まれ。大鳥マタギとして長年、クマを獲った。一七七ページの「大鳥池の巨大怪魚」にも登場している。

クマを育てる

吉川が経営する熊の湯温泉の前、東側に赤石川を隔てて然ヶ岳《しかり》(七三〇メートル)という山がある。世界遺産として知られる白神山地の前衛の山だ。その山は吉川が子どもの頃から何度も登り、クマを獲ったこともある山だった。

ある年の春、吉川はひとりで鉄砲を担いでその然ヶ岳に登った。長い経験でクマのいるところは大体わかっていた。洞穴や木の下にある洞《うろ》などだ。クマは晩秋、雪が降る寸前にそんな洞の穴のなかに入り冬眠をする。雪が降ったあとだと足跡がつき、マタギに発見されるので雪が降る寸前に入るのである。クマの用心深さがわかる習性だ。

その一方、クマは自分の入った穴の入口にある木などを齧《かじ》り、縄張りを主張する習性がある。ほかのクマに対して「ここは俺の棲家だ、入るな」とでもいう合図なのだろうが、マタギにすれば「クマがここにいる」という目印以外の何物でもない。

マタギはそんな目印を探しながら猟をする。吉川はある穴に近づいた。以前、クマを獲ったことがある穴だ。

「また、今年もいるかもしれない」

吉川はゆっくりと覗いてみた。残念ながら入口の木の根に齧った跡もなければ、入った気配もなかった。クマは何かを嫌って入らなかったのだろう。次は違う穴にあってみようと、吉川はまた歩き始めた。枯れ草をかきわけ、岩をよじ登った。歩きながら、今度はいてくれよ、と願いながらである。

やがて目的の穴に近づいた。しかし、その穴にもいなかった。どうしたのだろう、ほかの場所に行ったか、などと呟きながら次の場所に向かった。そして着いた。音を立てずにそっと覗いてみると、三度目の正直といったらよいのか、入口の木の根に齧った跡があった。さらに慎重に穴を覗くと、暗闇のなかに目が二つキラキラと光っているのが見えた。クマは吉川を見たとたん、唸り始めた。吉川は思わず、よし、と呟いた。そして、どうやってクマを穴から出そうかと考えた。

方法は二つある。ひとつは穴のなかへ、周りに落ちている枯れ枝などを投げ込む方法だ。枝を入れるとクマはその枝を邪魔だと思い、外に出すのではなく、なかに引っ張り、自分の後ろに隠す。するとそのぶん、クマは少し前に出る。さらに枝を入れると、同じようになかに入れ、また少し出る。それを繰り返しているうちに、クマは出口までできてしまう。まるで漫画のような話だが、実際にそうやってクマを外におびき出すのである。

もうひとつは、穴の上に立ってどんどん蹴って、音を立てる方法だ。すると、クマは苛立ち、やかましいぞとでもいうようになかから出てくる。そこを狙う。

吉川はその日、穴の上で音を立てる方法を選んだ。枯れ枝が周りにあまりなかったため、探すのに手間がかかるからだった。一方、穴の上はそれほど土がなく、蹴るとすぐに音が響きそうだった。

吉川は穴の上に立ち、足で何度も蹴り、音を立てた。すると、なかからクマの一層強い吠え声が聞こえた。グルルルル、威嚇する声だ。見ると、クマが穴のなかから手を出して、ひっかこうとしているのが見えた。鉄砲を持っているなら、そんなクマに向かってすぐに銃弾を発射すればいいと思うが、吉川はしなかった。穴に銃弾を撃ち込めば、確かにクマを一発で仕留められるが、穴のなかに硝煙の匂いがつくと何年も消えずに、クマが嫌がり入らなくなるからだ。来年も再来年もクマが入る穴を減らさないようにするには、硝煙の匂いが残るような猟はしない。それがマタギをしていた父親の教えだった。

そればかりではなく、吉川は、父から安易な猟をしてはならないとも教えられていた。昔からマタギとクマは真剣勝負だった。やるかやられるかの対決である。そのために冬眠している穴に銃を撃ち込まないで、きちんと穴から出してから戦う。それがマタギの正しいやり方だと教え込まれていたのである。もし、第三者が見ていないからといってオキテを破ると、誰かが穴を覗いたとき、硝煙の匂いに気がついてすぐに噂になる。すると、犯人がわかってしまい、結局は破門される。もし、破門されなくても山の神に罰を受けると信じていた。吉川は人が見ていようがいまいが、オキテを守った。そのため、クマが出てくるまで、穴の上に立って蹴りつづけたのである。

やがて、クマが唸りながら穴から飛び出してきた。あまりのやかましさに耐えきれなくなったのだろう。そしてクマは吉川を見ると、牙をむいて唸り、すっくと立ち上がって襲いかかった。吉川は今だと思い、銃の引き金を引いた。胸のところにある白い月の輪の模様が血で赤く染まった。月の輪の部分はクマの急所のひとつである。クマはどうと倒れ、数メートル、ゴロゴロと転がり、そして止まった。

吉川は「勝負、勝負」と撃ちとったときの勝ち名乗りを上げながら、クマに近づいた。クマの掌はゆっくり開きつつあった。急所の胸に弾が当たったため死んだのである。吉川は安堵のため息をもらした。

しかし、それは束の間だった。そばに寄ると、クマから甘い匂いがしてきた。乳の匂いだった。しまった、と吉川は思った。クマは母グマで、冬眠中に出産して子どもに乳を飲ませていたのがわかった。実際、クマの毛の間から乳首が出ているのが見えた。吉川の組のオキテには、子どもを育てている母グマや子グマは撃ってはならないというのもあった。

吉川は穴を覗いた。見ると、暗闇のなかに二頭の子グマがいた。

「あっ、ワカゴだ」

ワカゴとは生まれて一年以内の子グマのことである。そのワカゴを吉川は掌に載せてみた。少しも温かくなく、冷たくなっていた。死んでいるのかと思ったが、よく見ると、寒さに震えていた。もう一頭も同じだった。このままでは死んでしまう。とっさに、吉川は温めてやろうと思い、急いでシャツの襟首を引っ張ってなかに入れた。素肌に二頭が滑り込んだ。心臓が止まるかと思うほど冷たい感触だった。じきに温かくなると自分にいいきかせながら、吉川は服の上から軽く押さえた。一分、二分、時間が経つと、やがて温まったのか、子グマは少しずつ動くようになった。

吉川は、命がつながった、と安心した。が、さて、これからどうしようかと思った。

子グマにミルクでもやらなければいくら温かくなっても死んでしまうからだ。吉川は母グマを殺してしまった手前、母グマの代わりになって育ててやらなければならないと痛切に感じた。

「俺がこの子たちをなんとか助けてやらないとだめだ、山の神様の罰が当たる」

そう思うと、吉川は母グマの腹を裂き、胆のうだけを取り出すと、体を雪のなかに埋めた。胆のうはクマの胆といって万能の薬になる貴重なものだった。

それから吉川は大急ぎで山を駆け下りた。そして、家に着くと奥さんに牛乳を温めるように伝えた。奥さんはわけがわからなかったが、とにかく牛乳を温めた。吉川は温まった牛乳を哺乳瓶に入れた。子グマたちは最初は飲まなかったが、じきに飲み始めた。元気を取り戻したようだ。しかし、元気になると、逆に今度は二時間おきに鳴いて牛乳をせがんだ。まるで人間の赤ん坊のようだった。吉川は、面倒なことになったなと思った。自分でつくった原因とはいえ、先が思いやられた。夜中、吉川は半分寝ぼけながら牛乳をやったものだ。

翌日、吉川は子グマを奥さんに預けると、再び山に登って雪に埋めた母グマを掘り出し、担いで下ろした。そしてまた、子グマに牛乳を与えることを繰り返した。

こうして何日か経つと、子グマは日に日に大きくなり、吉川によくなついた。動物には、生まれて初めて見たものを親と思う、刷り込みという習性があるが、子グマは吉川を母グマだと思ったのだろう。母グマを殺した犯人を親だと思い慕うというのはなんともやるせない話だが、子グマにすれば、あとにも先にも頼る相手は吉川しかいない。

子グマたちは成長するにつれ、吉川になつく度合いが高まった。吉川はまるで孫を可愛がるように子グマの面倒を見た。以前から飼っていた犬がそんな子グマを可愛がる吉川に嫉妬したのか、声をかけても上目づかいに見るだけになったりした。

吉川が畑に作業をしに行くときも、子グマたちは犬のように後ろからついてきた。知り合いがずいぶん色の黒い犬だなといって触ろうとして、よく見るとクマとわかり、悲鳴をあげてあわてて逃げていった。子グマは子グマで、その悲鳴に驚いて、吉川の足元に逃げ込むのだった。

また、吉川が経営する旅館の柱で子グマが爪とぎをしていたのを見て、客が黒い猫と間違えて抱きあげ、クマと知って驚いてわなわな震えていたこともあった。子グマは犬以上に吉川に甘え、頬をなめたりした。

しかし、いくら可愛くてもクマは猛獣である。大きくなる前に山に帰さなければならない。いつまでも飼っていられない。いつにしようかと吉川は考えた。クマは普通、生まれてから二冬、母グマと冬眠する。最初はまだほんの子どもだが、二年目ともなると、体も大きくなり、大人のクマと同じくらいの大きさまでになり、マタギたちはそんなクマをワカゴからウゴエと呼んだ。そうなると、その年の初夏には子別れをする。母グマはキイチゴがある場所にウゴエを連れていき、夢中になって食べている間に母グマは姿を消す。子グマは母グマをしばらく探すが、やがてあきらめるのか、今度はひとり立ちするという。

母グマは子別れをすると、今度は次の妊娠のために山奥に入っていく。すると、よくしたもので発情した雄グマが鼻息を荒くして数頭寄ってくる。雄グマは我れ先に交尾するために、雄同士で戦う。勝ったクマが最初に交尾する。交尾が済むと、それで終わりではなく、雌は次の雄とも交尾する。乱婚というのだが、これは野生動物の世界にはよくあることで、よりよい種を残すのが根底にあるらしい。

さらに興味深いのは、交尾をしてもすぐに雌は妊娠しないということだ。しばらく子宮のなかで精子と卵子が浮遊している。いつ子宮に着床するかというと、秋になって、雌が木の実などを食べ、栄養が体にゆき渡った頃。もし、木の実などが不足で充分な栄養が取れないときは妊娠せず、体外に排出される。栄養が足りないと、冬眠中に母子共に餓死してしまう可能性があるからだ。これは、母子を守るための自然の流れという。

吉川は子グマを拾ってから二年と少し経った頃、二頭を近くの山に連れていった。ちょうど子別れの時期にきていたからである。キイチゴがたくさんなっているところだった。二頭の子グマは夢中で食べた。吉川は、しばらくしてから音を立てずに、「元気で暮らせよ」と心のなかで呟きながらその場所をあとにした。子グマたちは吉川がいなくなったことも気づかずに、夢中になってキイチゴを食べていた。吉川は寂しかったが、クマは山にいればこそだと思うと、これでいいのだと呟いた。山には食べものがたくさんある。元気に生き延びることができるだろう。

しかし、心配なこともあった。子別れの時期は同時にクマの繁殖期でもあり、雄グマが雌を求めて歩き回っているときでもある。そんな雄に子グマが見つかると、嚙み殺されることもある。自分の遺伝子を残すためにほかの子どもを殺すことがあるという。吉川の脳裏にそんな場面が過《よぎ》った。放したことを後悔したが、自然のなかでは何が起こるかわからない。これでいいのだと無理矢理自分を納得させるしかなかった。

吉川はため息を何度もつきながら家に帰った。

翌朝、玄関に何かが何度もぶつかる音で目が覚めた。なんだろう、と思って見てみると、なんと二頭の子グマが玄関前でじゃれ合っていたのだった。山を越えて戻ってきたのである。クマの目は悪いが、鼻がよいので吉川の匂いを追いかけてきたのだ。吉川は驚いたが、嬉しくなって抱きしめた。子グマたちも会いたかったとでもいうように、吉川の顔をなめまわした。しかし、その一方で吉川は、これではだめだ、山に返さなければならない、このままでは人に怪我をさせたりしてたいへんなことになる。山にいるのがほんとうの姿だと思うと、吉川は心を鬼にして、再び山に連れていくことにした。

翌日。吉川は、今度は戻ってこられないように遠いところへ、子グマたちを連れていくことにした。そして、車で入れる林道の奥まで行き、それから二つも三つも尾根を越え、山の奥に入った。何も知らない子グマたちは、相変わらずじゃれ合っているばかりだ。そうしているうちにキイチゴがなっているところへやってきた。子グマたちはやはり夢中になって食べた。吉川はそんなようすを見ながら、またしても静かに音を立てずにその場を離れた。

吉川は走った。もう来るな、いや、来られるものなら来てみろと矛盾した気持ちだったが、とにかく山を走った。これだけ家から遠かったら戻ってこられないだろうという気持ちが強かった。それでいい、それで。子グマたちのためだと思った。そして、車に乗ると、後ろも振り向かずにアクセルを踏んだ。

翌朝、吉川は朝起きると、玄関を覗いた。子グマたちはいなかった。なんだか寂しい気分だった。その一方で、これでよかったんだ、と自分にいい聞かせた。その翌日の朝も吉川は玄関を見た。子グマの姿はなかった。安心するやら、発情した雄グマに襲われていないかなどと心配するやらで複雑な気持ちだった。しかし、襲われたときは木の上に逃げるなどしているだろうと、そんな場面を想像して自分を安心させた。

三日目の朝だった。玄関で音がした。吉川はまさかと思いながらも、あわてて玄関に行ってみた。すると、なんと二頭の子グマがじゃれ合っていたのである。吉川は驚き、目をこすった。間違いなく二頭の子グマだった。いくつもの山を越えてやってきたのである。なんという奴らだと思った。代わるがわる抱きしめてやった。子グマたちも嬉しそうだった。

しかし、吉川は気持ちが落ち着くと、決断しなければならなかった。もっと遠いところへ連れていくか、動物園に寄付するか、それとも家で飼うかのいずれかである。もし、もっと遠くへ連れていっても鼻のよいクマである。また戻ってくるかもし

吉川が連れ帰った二頭の子グマ。
子別れの時期に森のなかに放したが、吉川に慣れすぎて戻ってくるため、
結局は、経営する温泉の裏に檻を作り育てることになった。

れない。そうなると、途中で人に遭うと、吉川だと思い、近寄って違うとわかったとき、怪我をさせるかもしれない。また、ほかのマタギに遭って撃ち殺されないとも限らない。そうなったら可哀想だ。動物園は、クマを預かってくれるかどうかわからない。もし、預かってくれたとしてもどこの動物園に行くかわからない。

吉川はしばらく考えていたが、母グマを殺した手前、母グマの代わりになって一生、面倒を見なければならない、それが俺の責任だという結論に行き着いた。

その翌日から、吉川は家の裏に二頭が入れる頑丈な小屋を作り始めた。

クマはいかに岩壁の穴に入ったか

一九六二年（昭和三十七）十二月のある日、阿仁マタギの鈴木松治は知人の高堰喜代志から「大グマを見つけたから獲りにいかないか」といわれ、同じく阿仁マタギの鈴木辰五郎の三人で現場に向かった。現場は森吉山の裾野にあるとある沢だった。

「クマを見たのはどこですか」と松治が聞くと、高堰が指をさした。その方向を見ると、高さ百メートルほどもある岩壁がそそり立っていた。

「あの岩壁の上のほうに穴があるだろ、あの穴のなかからクマが顔を出しているのが見えたんだ」

目を凝らしてみると、岩壁の上から二十メートルほど下にポッカリと穴があいていた。

「ほんとう?」というと、「じゃ、見にいこう」ということになり、沢伝いに登っていった。そして、穴が見えるところに立つと、なかでクマが寝ているのが見えた。

「ずいぶんすごいところに棲んでいるものだな」

思わず呟いた。

しかし、どうやって獲ったらいいものか。火の点いたタイマツを穴のなかに入れていぶり出すとか、枝を何本も突っ込んで外に出てくるのを待つというのはどうかなどの意見が出たが、見ているところから十メートルは軽く離れていたため、いずれも実現不可能だ。そのうち、高堰が「上からロープで吊るして、穴の前に下りてぶっ放すというのはどうか」といった。すると、それしかないなということになり、三人のなかでいちばん軽い松治がぶら下がることになった。

それから岩を伝ってクマがいる穴の上に立った。見下ろすと、高度感が半端ではなく、足がすくんだ。逃げ出したくなったのも無理はない。しかし、いまさら怖いともいえない。松治は腰にロープをくくりつけ、高堰に降ろしてもらった。それだけでも死ぬ思いだったのに、入口近くまで降りると、人間の匂いがわかったのか、クマが吠えた。そして穴から前足を出し、松治を引っかこうとした。クマの爪は鋭い。引っかかれたら、肉が引き裂かれ、一巻の終わりだ。恐怖心から、「引っ張れ、引っ張れ」と叫んで引き上げさせた。

上がると、二人に「なんで撃たなかった」と聞かれた。松治は怖かったともいえず、タイミングが合わないなどといって誤魔化し、また降ろしてもらった。しかし、クマは察知して今にも飛びかからんばかりだ。そしてまた引き上げさせた。それを何度も繰り返した。すると、そのうちクマもあまり吠えなくなり、しまいにクマは、慣れたのか、低く唸るだけになった。

松治はそれをチャンス到来とばかりに、引き金を引いた。そのとたん、穴は硝煙で真っ白になり、なかは何も見えなくなった。が、なかからクマが苦しんでいる声が聞こえてきた。松治は銃の衝撃で振り子のようにゆらゆら揺れた。ロープが切れたら谷底に一直線だなと思うと心底肝が冷えた。クマは相変わらず苦しそうにしている。引導を渡してやらなければと思った。揺れが収まると、もう一回引き金を引いた。すると、クマはようやく静かになった。

松治が穴に潜り込むと、クマは二発の弾丸を頭に受けて絶命していた。思った以上に大きなクマだった。二百キロはあったのではないか。松治はクマを少しずつ移動させて崖の下に落とした。クマは岩にぶつかりながら落下していった。そして、下に積もっていた残雪の上にドサリと落ちた。

しかし、ふとそのとき、松治の頭にこの大きなクマはこの穴にどうやって入ったのかという疑問が浮かんだ。というのも普通なら穴の前に通り道があり、それがどこかへ通じているはずだが、穴の前には細い道すらなく、ストンと崖になっていたからだ。もしかして、ほら穴のなかに抜け道があるのではないかと思い探したが、それらしいものはなかった。松治は首を傾げずにはいられなかった。もしかしたらよほど岩登りがうまいクマなのかもしれないと思ったが、壁がほぼ垂直になっていることからしても無理というものである。

どうやって穴に入ったんだ？　松治は考えたが、答えは出なかった。そのうち、上のほうから「いつまで穴にいるんだ、朝になっちまう。引っ張るぞ」という声が聞こえた。松治は「引っ張ってくれ」と叫んだ。そして引き上げてもらった。

上に着くと、「よくやった、大きなクマだな、二百キロは軽くあるぞ、ご苦労さん」

高堰が嬉しそうな顔をした。

「ああ、そうなんだけれど……」

松治が首を傾げながらいった。

「どうした、松治。何かあったか」

辰五郎がそう聞くので、松治は、たった今、見てきたことを話した。すると、高堰も辰五郎も「そういえばそうだな、気がつかなかった」といって首を傾げた。

「あの大きなクマがどうやってあのほぼ垂直の壁にできた穴に入ったか。それがこの年になってもわからない不思議なことなんだな」

そういうと、松治は頭をかきながら笑った。

第四章　山の神の祟り

四つグマの祟り

ある年の春、吉川の家の前に車が止まった。降りてきたのは、マタギ仲間の田中だった。

「どうした。クマでも出たか」

「そうだ。山菜採りに行ったら、奥の沢でクマを見た。俺ひとりじゃ不安だから、近々一緒に獲りにいかないかと思って」

吉川はそれを聞いて、善は急げと翌日、山に入ることにした。吉川は幼友達の小谷（仮名）を誘った。近々二人で白神に入る予定だったが、ちょうどよかった。小谷も喜んでといった。吉川がブッパ（射手）になり、小谷と田中は勢子になってもらう。

そんなことを考えながら、吉川は準備をした。

翌朝、待ち合わせ場所の林道奥に行くと、人がひとり増えていた。田中が申しわけなさそうな顔をして、「昨日、あれからたまたま会って。明日、山に入るといったら俺も行きたい、連れていけといわれてね」といった。男は小林という銀行員だった。小林は田中が経営する会社の融資を担当しているため、頼みを断れなかったようだ。吉川はムッとした。

(なんだ、町場の者か。どうせ遊び半分だろうな)

力量もわからない男をいきなり連れていくこともそうだが、ひとり加わることによって四人となる。マタギにとって四という数字は死につながる忌み数のため好ましくなかった。小谷も「まずいな」と呟いた。田中は「そこをなんとかお願いします」と必死に頼んでいる。資金を融資されているからか、それともこれから融資を受けるためなのかは定かではないが、とにかく頭が上がらないようだ。

「仕方ないな」

そういうと、吉川はリュックから軍手を出して、人形を作り、リュックにくくりつけた。それを見た小林が「何をやっているんですか」と聞いた。

「この人形を作って五人にした。そうしなければ、四人は死人といって縁起が悪いからだ」

すると、小林は「迷信でしょ」といって笑った。吉川は「この野郎、何もわからないくせに。帰れ」といおうとしたが、田中は小林を擁護するように「すみません、申しわけない。この人はマタギのオキテを知らないので」といった。小林はガムを噛みながら、素知らぬ顔をしていた。

吉川と小谷は、先が思いやられると思った。何かよからぬことが起きそうで不安だった。本来なら今日はやめだといって中止するか、お前は帰れというのだが、長年つき合っている田中の立場を考えるといえなかった。田中の会社が左前になっていて、銀行から融資を受けなければやっていけないのがわかっていたからだ。

心配していたことはじきに起きた。山に入り、しばらくしたときだ。突然、吉川の後方で銃声が響いた。吉川は「なんだ、何が起きたんだ」といいながら、急いで戻ると、小林がにやにや笑いながら、ウサギを一羽ぶら下げていた。

「何やっているんだ」

「ウサギが出てきたので撃った。凄いだろ」

小林が自慢げにいった。

吉川は思わず大きな声で怒鳴った。

「何を馬鹿なことをいっている。今日はクマを獲りにきたのであって、ウサギを獲りにきたんじゃない。それにそのウサギはさっき俺も見たが、見逃した奴だ。こんなところで撃ったら、銃声が山に響いてクマは人間が来たと思って逃げるだろうが」

小林は吉川の剣幕に驚き、すみませんと謝った。

「もし、これ以上勝手なことをしたら帰ってもらうからな」

吉川は釘を刺した。

小林は「この銃は最近買ったばかりなので試したくて、撃ってしまった。すみません」と謝った。さすがにまずいことをしたとわかったようだ。

それから尾根を越え、谷に向かって少し下りたところで、田中が吉川に「ここらへんです、クマを見たのは」といい、斜面を指さした。

「山菜を採っていると、残雪を横切っていくのが見えました」

「よしわかった。俺と田中はブッパをやるから、小谷と小林は下から勢子をやってクマを上に追ってきてほしい」

小谷は「わかった」とうなずいたが、小林は「俺もブッパをやりたい」といい、不満そうだった。

「ブッパは猟に慣れた者がやるもんだ。初心者は勢子だ。勢子といっても難しい。猟に影響する。小谷にならってやってくれ、小谷も教えてやってくれ、頼んだぞ」

小谷はすぐに頷いたが、小林はしぶしぶ頷いた。吉川と田中は尾根に向かい、小林は小谷のあとをついて沢に下りていった。吉川と田中は尾根に立ち、五十メートルほど離れた場所に陣取ってじっと待っていた。やがて、下から小谷の「ほーれ、ほーれ」という声が聞こえてきた。勢子の声にクマが驚き、斜面を登ってくるのである。小林はどうしたのだろう。聞いていると、ときどき「ほーれ、ほーれ」といっているだけだった。しかも仕方なくやっているという声であった。

「勢子がしっかりしないと猟にならないことを知らないようだな、小林は」

吉川は尾根に立ってそう呟きながらようすをうかがっていた。しばらくして、下のほうでガサガサという音がした。そちらへ視線を移すと、大きなクマがのっそりと歩いてくるのが見えた。吉川は銃の安全装置を外した。そしてクマに照準を合わせると、引き金を引いた。銃が火を噴き、そのとたん、大きなクマが唸り声を上げながら立ち上がった。腹から血が噴き出すのが見えた。そしてそのまま倒れ、動かなくなった。

近づいてみると、クマは絶命していた。視界の隅に何かが動いていた。見ると、子グマが血まみれになって苦しそうにしていた。しまった、と思った。どうやら母グマに命中した弾が骨盤か何かの骨に当たり、その弾が外に飛び出し、そばにいた子グマに当たったようだ。子グマは二歳のウゴエだった。もう少ししたら子別れするところだった。これからだというのに悪いことをしたと思った。子グマはじきに動かなくなった。吉川は子どもの頃から父親に子グマは撃つな、大人のクマだけを獲れと教えられていた。そのオキテを犯してしまったのである。気持ちが暗くなっていた。

ほどなく田中がやってきた。

「今一発しか銃声が聞こえなかったのに二頭死んでいる。どうしたわけだ」

「母グマに当たった流れ弾が当たったようだ」

「運の悪いウゴエだな」

田中はそう呟いた。

「子グマは殺したくなかった。放して大きくなってから捕まえたかった」

「それはそうと、もう一頭の子グマはどこに行った。銃声に驚いて逃げてしまったのか」

「うむ、そうみたいだな」

普通、母グマは冬眠中に二頭の子を生み、二冬を一緒に過ごす。一冬目の子グマをワカゴと呼び、二冬目の子グマをウゴエという。それが過ぎると、子別れをして一人前のクマとして旅立つ。そのもう一頭がいない。

背後で灌木が揺れる音がした。もう一頭の子グマかと思ったが、鼻息が荒く、唸る声も大きかった。吉川はすぐに雄グマが来ているとわかった。子別れを迎えるその時期、クマは交尾期にも当たり、雄は雌の周辺にいて交尾の機会を狙っているのだ。それも複数いる。雄は興奮していて、かなり危険だ。発情した雄グマは三大危険グマのひとつに数えられているほどだ。

「油断するな、近くに雄がいる」

吉川が怒鳴った。

そういったすぐに、田中の背後に雄グマが姿を現した。

「田中、後ろだ、撃て」

田中は振り返ると、銃の引き金を引いた。吉川も撃った。三発銃声が鳴った。クマが藪のなかから田中に向かって転げ落ちてきた。

「勝負、勝負」

吉川は撃ちとったときにいう言葉を叫んだ。田中は緊張のあまり顔を蒼くして、

「やられるかと思ったよ」と震えながらいった。

吉川は田中に「お見事」と声をかけたが、すぐに吉川は「これ以上獲ったら四つグマになる、まずい」と緊張した。両手をメガホンのようにし、下に向かってこう叫んだ。

「小谷、小林、今日はもう撃つな、これ以上獲れば四つグマになる。クマが出てきたら、銃を空に向けて撃って威嚇しろ、わかったな」

声が山間にこだました。するとすぐに、「わかった」という小谷の声が下から聞こえてきた。しかし、小林の声が聞こえなかった。なぜ返事をよこさない、聞こえないのかと思った瞬間、パン、パンと銃声が鳴り響いた。吉川はもしやと思った。

「撃つなといったろ、聞こえなかったのか」

小谷が叫ぶ声が聞こえた。すると、小林の「ヤッホー、子グマを獲ったぞ」という能天気な声が聞こえた。

吉川はそれを聞いて愕然とし、「やはり連れてこなければよかった」と呟き、唾棄した。田中は「くそっ」といって舌打ちし、吉川に「すみません、申しわけありません」といいながら頭を下げた。しかし、今となっては、もう遅かった。

やがて、小谷が上がってきた。

「すみません、やってしまいました。もっと小林をそばにおいとくべきでした。それはそうと、さっき、これ以上獲ったら四つグマになるといっていたけれど、銃声を聞く限りではどうしてもまだ二頭しか獲っていないように思ったのだけれど」

吉川は足元にいる母グマと子グマを指さして、「母グマの腹に入った弾が骨盤かどこかの骨に当たって、外に飛び出したようだ。そして、その弾がそばにいたこのウゴエに当たったようだ」といった。

「流れ弾にウゴエが当たったということか、それでようやくわかった」

小谷は疑問が解けたようだった。

それからすぐに小林が子グマを抱いて上がってきた。嬉しそうな顔をしている。

「お陰で生まれて初めてクマを獲れました。撃ったら、首が吹っ飛んでしまったけれど、初めての獲物だ。楽しいですね、猟は。しかし、それにしてもこのライフルは凄い」と嬉しくてならないといった表情だった。

吉川がため息をついた。

「あのなあ」

「はい？」と小林が怪訝な表情をした。

「あんたの嬉しい気持ちはわかるが、さっき、これ以上獲れば、四つグマになるから獲るなといったのが聞こえなかったのか」

吉川は苦虫を潰したような顔でいった。

小林は「何にも聞こえなかった。俺は少し耳が遠いし、それに沢の近くにいたから、水の音で何も聞こえなかったんだ」といった。

「なに、沢の近くにいたから聞こえなかっただと」

「ええ」

「沢筋にいたら、リーダーの声が聞こえるように沢からすぐに離れるというマタギのオキテも知らないのか」

小林は首を振り、そんなオキテがあったんですか、といった。

「マタギのイロハも知らない奴だな、お前は、まったく」

「せっかくクマを獲ったのに、なんでこうも文句をいわれなければならないんですか」

小林は眉間に皺を寄せ、不機嫌そうな顔になった。

「我々の組ではクマを獲るのは一日三頭以内と決まっている。四頭獲ると、四つグマといって山の神様の怒りに触れて祟りに遭うといわれている」

小林は「祟りだ？　そんな馬鹿なことが今の世のなかにあるわけがないじゃないですか」といって吉川を馬鹿にするように笑った。

「この野郎、俺たちのオキテを笑うのかお前は。昔から続いているマタギのオキテを。やっぱり連れてこなければよかったな」

吉川は怒りを込めていった。小林は照れ隠しなのか、にやにや笑っているばかりだった。

「いいか、俺たちマタギはクマ獲りのプロだ。好き勝手に獲ればすぐにクマは根絶やしになってしまう。そうなったらおしまいだ。そうならないように一日三頭までと決めている。もし四頭目が出てきたら、銃を空に向けて撃って逃がすことにしている。こんな話がある。あんたにいっても無駄かもしれないが、あるマタギが欲を出して、一日でクマを四頭獲った。マタギは喜び勇んで家に帰ったが、家では子どもが熱を出して苦しんでいた。しかもクマが襲ってくる、殺されるとうわ言をいっていた。その男は、四つグマの祟りだと思い、ひたすら手を合わせて祈ったが、その子どもは手当ての甲斐もなく、朝方死んだ。マタギの間では伝説的に伝わっている四つグマの祟り話だ。まあ、いまさら何をいっても遅いが、とにかく四頭目の子グマは埋めてやれ、首もちゃんと拾ってやれ」

するると、小林は「なぜだ、これは俺が獲った獲物だ。それを埋めるだなんてとんでもない」と声を荒げるのだった。

「いいからさっさとやれ。それに猟で獲った獲物に自分のものというのは、ない。みんな平等で分けるものだ。それがマタギ勘定というものだ。それくらい知っておけ。

だから町場の奴はだめだというんだ」

「さあ、首を探しに行くぞ。そして、埋めてやるんだ」

小谷はそういうと、小林を無理矢理連れて下りていった。吉川は、母グマと子グマ、それに雄グマの解体を急いだ。田中は子グマを埋めるための穴を掘った。やがて、小谷と小林が戻ってきたが、「首がどこを探してもない」というのだった。

「ない、だ？　そんなことがあるわけがないだろうが」

「いや、血が点々と落ちているところまでは見つけたけれど、その先がぷっつりと消えている。まるでどこかに飛んでいってしまったように。忽然と……」

「どこかに飛んだようだ？　もしかしたら、鷹とかに持っていかれたのかもしれないな、それとも……」

「それとも？」

「ああ、山の神様に連れていかれたのかもしれないな。哀れだと思ってな」

吉川が小林に皮肉をいった。

「まさか、そんなことがあるわけがないでしょうが」

小林が馬鹿にするようにいった。

そのとたんだった。雷鳴が轟き、空がにわかにかき曇り、暗くなった。

「やばいな、雨か雪になりそうだ。早く下りないとたいへんなことになるぞ」

四人は急いで下りることにした。いつの間にか吹雪になっていた。凍えそうになった。小林は疲労しているようで、何度も休んでは、疲れた、先に行ってくれというのだった。体力が限界にきていたようだ。

「先に行きたいところだが、置いていったらあんたは死ぬに決まっている。我慢して歩け」

小林は足元をふらつかせながら歩いた。やがて、滝のところに来た。道半ばに来たことがわかった。ひと安心といったところだが、小林が突然「あっ、白い服を着た女がクマの首を抱いて立っている」と叫んで滝を指さした。

「何をいっているんだこいつは」と思いながら、吉川は小林が指をさすほうを見た。すると、いつも見慣れている滝がまるで小林がいうように見えた。滝はもともと、観音滝といわれるだけあって人の形に見える、高さ二十メートルほどもある大きな滝だ。それが吹雪いているため、滝が風で揺れ、髪や着物が揺れているように見えた。しかも胸元に突き出たようにある黒い岩がまるで子グマの頭のように見えた。

吉川は見方によってさまざまに見えるものだと思ったが、小林の目にはクマの首を持って立っている山の神に見えたようだ。

小林が念仏を唱え始めた。そして「申しわけありません、私が悪うございました。どうかお許しください」と震えながら叫ぶのだった。かなり動揺しているようだった。

「しっかりしろ、あれはただの滝だ。滝が風に揺らいで、髪がなびいているように見えるだけだ。胸に抱いている子グマの首に見えるのは岩だ。冷静になって見ろ」

吉川は怒鳴った。それでも小林は拝みつづけた。吉川は小林の胸ぐらを摑むと頬を殴った。小林が後ろに倒れた。「何をするんだ」といいながら頬をさすった。我に返ったようだ。

「しっかりしろ、小林」

吉川は怒鳴った。

「ああ、てっきり山の神が現れたと思った」

小林は目が覚めたようにいった。

それからみなは下りた。やがて沢に架かる丸木橋を渡れば、林道までは近いというところまで来た。

「この橋を渡ると、車が置いてある林道までは一時間もかからない。慎重に渡れ」

みなは、「はい」といったが、小林は「ああ、これでようやく帰れる」といい、ため息をついた。相当疲れているようだ。大丈夫かと思ったそのとたん、気が抜けたのか、小林が丸木橋の上でずるりと滑って沢に落ちた。それを見て、誰しもがとうとう、祟りが下ったと思った。雪解け水の流れは速く、しかも氷のように冷たい。流されたら、数分もしないうちに心臓麻痺を起こす。死が目の前に見えた。まずいことになったぞ。そう思っていると、小林は幸いにも途中の木の枝に引っかかった。

「助けてくれ、俺はまだ死にたくない、しかもこんなところで」と情けない声を上げていた。皆で引っ張りあげると、すぐに焚き火をした。ガタガタ震える小林は、急に怒り出した。

「だ、誰だ、こんなところに俺を連れてきたのは。俺はもともと、こんなところなんかに来たくなかったんだ。こんな野蛮なことなんか俺のやることじゃない。俺を誰だと思っているんだ。あと三年もすれば、支店長になるようなレベルの人間だぞ」というのだった。

吉川はそれを聞いて、力量がない奴ほど限界に達すると、自分を正当化するためにつまらぬいいわけをするということを改めて感じた。

「連れていってほしいといったのは、お前だろうが。無理だといったのに」

田中はそういって立ち上がると、「いいたいことをいわせておけば、調子に乗りやがって、この野郎」と小林の頬を殴りつけた。そして「もう二度とお前、そして、お前の銀行とはつき合わないからな」といった。

小林は小林で、「よーし、わかった。お前の会社には一銭たりとも貸してやらないからな。俺の指先一本でお前を生かすことも殺すこともできるんだからな、覚えておけよ」と怒鳴った。

田中は悔しいのか、さらに殴りかかろうとした。吉川はその田中の腕を摑んで、「やめろ、今はそんなことをしている場合じゃない」といった。小谷が「すみません、俺がもっとこいつを監視していれば、こんなことにならなかったんです。許してください」といった。すると吉川は、「いや、もとはといえば、俺がいちばん悪い。出がけにはっきりと断ればよかったのに、田中のためによかれと連れてきてしまった。俺がいちばん悪い、許してくれ」といい、頭を下げた。

「いや、とんでもない、申しわけありません」

田中が頭を下げつづけた。

やがて吉川がみなと別れ、家に戻ったのは、もう真夜中だった。吉川は山の神を祀っている神棚に向かい、今後、小林のような男が来ても絶対に連れていかないことを誓い、四つグマになってしまい誠に申しわけありません。誰にも祟りが起きませんようにとひたすら願うのだった。そして、今後も安全な猟ができますように、と祈った。

それからしばらく経ったある日のことだった。吉川の家の電話が鳴った。受話器をとると、小谷の母親だった。

「吉川さんかい」

「そうです」

「せがれが事故を起こして、病院に運ばれました。現場で乗っていたユンボがひっくり返って、外に投げ出され、ユンボの下敷きになって……、一命は取り留めたんだけど……」

「助かったんだ。それはよかった、何よりです。すぐに見舞いに行きます」

吉川は取るものもとりあえず、車に乗って病院に向かった。小谷は病室で眠っていたが、母親が耳元で吉川さんが来てくれたよ、というと、目を覚ました。

「命が助かってよかったな。よくなったらまた山に入ろうぜ」

吉川が笑いながらいった。

すると小谷は、「やっぱり、やられたよ」というのだった。

「やっぱり、やられた？　なんのことだよ、意味がわからないよ」

「祟りだ、祟り。この前の四つグマの……」

吉川はハッとした。しかし、「何をいっている、お前が祟られるわけがないだろうが」といった。

「いや、祟り以外の何物でもない。命は助かったけれど、肝心の脊髄をやられ、下半身がいうことをきかなくなった。これからは山どころでなく、将来は一歩も歩けなくて、一生車椅子だって先生がいっていたよ」

「嘘だよ、用心しろという医者の忠告だ。そのうち治るよ」

小谷は答える代わりに嗚咽《おえつ》した。母親を見ると、そうだとでもいうように頷き、顔を背けた。しばらくして小谷がいった。

「やはり、いつかは祟られると思っていたが、とうとう来たんだよ」

「何をいっている。もし、祟りならいちばん受けるのは俺だ。何せ小林が来るのを許したのは俺だからな」

「いや、獲物が平等に分けられるように、祟りも平等で誰に降りかかるかわからないんだよ。今回でよくわかったよ」

「考えすぎだって。悪く考えないほうがいい」

どこにでもあるような滝だが、強い風に吹かれると、
滝の水がまるで髪や着物のように見えることがあるという。
疲労困憊したときは幻想の度合いを増し、山の神に見えたようだ。

小谷が深いため息をついた。

「いや、俺がいちばんよくわかっている。小林が四頭目の子グマを撃つのを防げなかった俺に対する罰だって。もっと小林をきちんと見て、止めていればよかったのだが、最初に会ったときから生意気なことばかりいって、嫌な奴だと思っていたので、いい加減にしか相手にしなかった。それで小林が子グマを撃つのを止められず、間に合わなかった。だから俺がいちばん悪いんだ。山の神様はよく見ているよ」

「そんなのは考えすぎだって、お前らしくないな」

「慰めはいいよ。もう終わったよ、何もかも」

そういうと、再び嗚咽した。

母親が吉川の服の袖を引っ張った。

廊下に出ると、母親がいった。

「あの子、夜中に夢でも見ていたらしく、すみません、すみません、もうしませんからお許しくださいってうわ言のようにいっていたんですけど、どんな夢を見ていたんですかね」

吉川はなんといったらよいかわからず、黙って立っているだけだった。

その後、しばらくして小谷は退院して自宅に戻った。吉川は見舞いに行った。が、いつもいる部屋のカーテンは締め切られていた。将来を悲観した小谷は部屋に閉じこもるようになってしまった。

吉川が見舞いがてら何度訪ねても、引きこもって出てこようとしなかった。

それ以来、マタギの相棒を失った吉川は、ひとりで山に入るようになったが、山に入る前にかならず山の神に手を合わせ、小谷が早くよくなって山に再び入れますようにと祈るのを忘れなかった。

大然集落を襲った山津波は山の神の祟りか

太平洋戦争が終わる少し前まで、青森県の山奥に大然《おおじかり》と呼ばれるマタギの集落があった。農業をしながら秋から春にかけて、集落の男たちは総出でクマやウサギなどを獲りに奥山に出かけた。クマは糞以外、肉をはじめ毛皮、血液、骨、なんでも金になった。なかでもクマの胆は、万能薬となるため高く売れた。そのため、農業だけで暮らしているほかの集落より豊かだった。

しかし、こともあろうにその集落がひと晩のうちに消えたのである。多くの人が死に、助かったのはほんのわずかだった。戦争中のため、このことは公にされず知る人はほとんどいなかったが、災難を聞きつけたほかの集落に住む親戚の人たちは救助に向かった。そして、その惨状を目撃して、狂わんばかりになった。しかしその一方で、「クマを獲りすぎて山の神様が怒ったんだ」「祟りだ。大然の連中はクマを殺して、いい生活をしたから祟られたんだ」という口さがない人もいた。

一九四五年（昭和二十）三月。日本は太平洋戦争の最中にあった。十日はアメリカの爆撃機B－29によって、一夜にして十万人もの人々が死ぬという東京大空襲があった日である。日本は敗戦への道を一気に辿っていた。終戦まであと五ヶ月だった。

その頃、本州最北端の青森県西部にある赤石村（現・鰺ヶ沢町）は大雪に見舞われていた。例年ならすでに雪が解け、村のなかを南北に流れる赤石川の土手にフキノトウが出て、そろそろ農作業の準備が始まる頃だった。が、その年は大雪のために川の流れが見えなかったばかりか、中流域では雪がまだ二メートル、上流域では三メートルもあった。山のなかに至ってはどれくらい積もっているか想像がつかないほどだった。村民たちは、戦争のなりゆきもさることながら、こんなに雪が多くては、今年は田植えができるのだろうかと不安に思っていた。

三月二十一日の午後から雨が降り始めた。これで雪が解け、春が来ると思われたが、ひと晩中降りつづけた。それも豪雨だった。一転して雪解けより洪水が心配された。翌二十二日の昼頃にようやく小降りになった。これでひと安心だと村人は思ったが、中流域では川が氾濫し始めた。雪が押し流され、川の流れが姿を現しただけでなく、川端の雪をじわじわと茶色に染め上げていった。別名、暴れ川と呼ばれる赤石川である。中流域の村人は赤石川の氾濫には慣れていたため、畳をあげたり、農耕用の馬を高台に連れていったり、橋が流木などで破壊されないように外したりした。そして、高台にある親戚や知人の家に避難した。ひと晩もあれば水は引くだろうという気持ちだった。しかし、川を見ていた古老は首を傾げ、こうつぶやいた。

「あんなに雨が降ったのに水量が少ない。もっと流れてきてもいいはずだ。こんなときは山津波が起きるかもしれない。気をつけないとな」

しかし、避難している人は、よくあることだとでもいうように、耳を貸そうともしなかった。

一方、赤石川の上流域。そこには佐内、そして少し奥まったところに大然という集落があった。その上に集落はなく、深い山が続いた。その深い山を現代では白神山地と呼んでいるが、当時の村人は奥山あるいは深山《かちやま》と呼んでいた。

その佐内あたりの赤石川は水量が多く、色も濁っていたが、なぜか濁流にはなっていなかった。川岸では網を打って魚を獲っていた若者もいた。洪水、山津波に対する心配はあまりなかった。それというのも、大然、佐内の集落は中流域の集落と違い、赤石川から少し離れているため、氾濫しても影響がなかったからだ。しかもそれは何百年も前からだった。そのため、最奥の集落とはいえ古くからの家が建ち並び、各家の周りにはひと抱えもあるほどのスギなどが生え、入り口から玄関までは石灯籠が置かれている家もあった。

この二つの集落はマタギの集落として知られていた。普段は農業をしているが、秋から春にかけてクマやウサギなどを獲り収入を得ていた。なかでも吉川孫左衛門の家は藩政時代、弘前藩の御用マタギを仰せつかり、シカリを代々務め、マタギに携わる集落やその周辺に住む男たちを束ねていた。そのため孫左衛門の家は、普通の家が二軒も三軒も連なったような、学校かと間違えるような大きな建物だった。マタギたちの集まりの場になっていたため、必然的に大きい造りになったのである。この家には、弘前藩から譲られた金屏風、笠、槍などの貴重なものがたくさんあった。また代々伝わるマタギの巻物などが、箱にたいせつにしまわれ、家宝とされていた。

二十二日の夜。山のなかでは、少しずつ変化が起きつつあった。雨を含んだ雪が重みで沢に落ちて天然のダムを作り、沢を堰き止めた。そこへ雨水が流れ込んだ。すると、その重さに耐えきれず、崩壊した。それを何度も繰り返しているうちにいつの間にか大然集落の上流に巨大な雪のダムができあがっていた。いつ崩壊するかは時間の問題だった。

そんな危機が迫っていることを知らない大然、そして佐内の人たちはいつもどおりの生活をしていた。大然集落のいちばん上の吉川石太郎の家では、夕方、男の子が生まれ、みなでお祝いをしていた。また、吉川伊佐美宅では、伊佐美が軍隊に取られていたため、女所帯で不用心というので集落の若者四人が呼ばれ、泊まっていた。そして、夜が更け、ランプを消し、眠りについた。油断したといえば油断だったかもしれない。しかし、もう何百年も中流域、下流域で洪水が起きても、佐内、大然では山津波に襲われたことがなかったのである。

みなが寝静まった十一時半頃、雪の巨大ダムがとうとう決壊した。小さなものなら赤石川を濁流となって下っていき、中流、下流と下り、日本海に流れていくのだが、そのときのダムは巨大すぎて、土と雪が混ざった土雪流が集落東側にある然ヶ岳にぶつかり、その反動で大然集落に雪崩れ込んだ。ひとたまりもなかった。集落のいちばん奥にあった吉川石太郎、吉川次郎の家を粉々に破壊し、次から次へと土雪流が家々を嘗《な》めつくしていった。窓という窓、玄関という玄関から一気に入り込んだ、土と雪の入り混じった濁流に押し潰されたのである。

吉川孫左衛門の家に土雪流が激突した。学校のような大きな家もさすがに自然の力には勝てず、じりっじりっと押しやられるようにして下にある家ににじり寄っていった。下にある吉川作次郎の家は少しずつ押されていった。しかし、数分後、とうとう破壊され、バラバラになって、さらに下にある吉川伊佐美、吉川正義の家も次々に押し潰していった。

土雪流は、下にある佐内の集落手前の佐内沢で一度止まった。しかし、すぐにそこに流れてきた土雪流がまたしても巨大なダムを作った。一帯は大きな沼のようになり、上から流れてきた大然の家の残骸、家財道具などがぐるぐる回っていた。それも束の間、ダムが崩れた。すると、今度は佐内の集落に一気に雪崩れ込んだ。営林署の官舎をこっぱみじんに破壊し、その奥につらなる七軒の家々も次々にのみ込んだ。土雪流が入り口から窓から流れ込んだ。家のなかにいた人たちは逃げる間もなかった。そして、ようやく、佐内のいちばん下にある貯木場に雪崩れ込むと勢いがなくなった。貯木場のすぐ上にあった船水武雄の家と、そこにいた五人は、そのためかなんの被害も受けなかった。

こうしてあっという間に大然、佐内の集落が消えた。あとでわかるが、村民八十八人が一瞬にして亡くなったのである。

その一方で助かった人たちもいた。孫左衛門の家に押しつぶされた三軒の家にいた十六人だった。

三軒のうちの一軒、吉川伊佐美の家。この日、この家には近所で親戚の倉次郎、石蔵、時男、正義の若者四人が泊まっていた。女所帯で不用心というので泊まってもらっていたのである。当時は無宿人たちが徘徊していて不用心だった。

夜中、倉次郎は体が何か冷たいものに覆われている感覚で目が覚めた。とっさに、山津波が起き家のなかに土雪流が流れてきたのがわかった。逃げようとしたが、雪が重くて動けなかった。このままでは死ぬと思い、体に力を入れてようやく脱出した。ほかの三人はと見ると、石蔵と時男が屋根裏に逃げていた。正義は家のことが心配でもういなかった。石蔵と時男に「なんで起こしてくれなかったんだ」と怒鳴ると、「何度も揺すったが、起きなかった」といった。寝入り端だったため、起きられなかったのだ。

隣りの部屋から「助けて」という甲高い声が聞こえてきた。真っ暗ななかを急いで行くと、この家の二人の娘、ふさ（仮名）ときみ子（仮名）が雪に埋まり、母親が懸命に雪を掘っていた。倉次郎たちも、ランプに火を点けて雪を掘った。雪とはいえ、土が混じっているため、素手で道路を掘っているほど固かった。きみ子はようやく抜け出せたが、ふさはなかなか抜け出られなかった。そうしているうちに遠くからゴーという不気味な音がした。第二波が襲ってきたのである。家が地震のように揺れたかと思うと、あっという間にふさ、そして母親が土雪流に飲み込まれた。母親がきみ子に「行くなー、一緒に死ぬべー」と叫んだが、きみ子と倉次郎ら男たちは逃げるのに必死で、屋根裏から外に逃げ出していた。屋根から飛び降りると怪我をすると思ったが、外に出ると雪が屋根まであり、その上を神社に向かって逃げた。神社はこの集落の守り神であると同時に、マタギに出かけるときにみなで安全祈願をする神社だった。その神社に行けば、山の神様がいるので助けてもらえると思った。

吉川作次郎の家。作次郎は、吉川孫左衛門の家に少しずつ押されている不気味な音で目が覚めた。作次郎と妻は自分たちの蔵に逃げることにし、五人いる子どもたちに隣りの吉川正義の蔵に逃げるようにいった。自分たちの蔵より正義の家の蔵のほうが大きかったからだ。作次郎と妻が蔵に逃げると、遠くからゴーという音を立てて、第二波が襲ってきた。ここにいるとやられると思い、神社に逃げることにした。しかし、作次郎は風邪をひいて具合が悪かったため、思うように歩けなかった。妻は作次郎を励ましながら歩いたが、吉川孫左衛門の家に押し潰されなければ、なんともなかったのにと怒りながら呟いていた。

吉川正義の家。吉川伊佐美の家からあわてて逃げ帰ってきた正義は家に着くと、家族と蔵に入った。すると、そこへ作次郎の子どもたち五人が「母さんがここに逃げろといったので来た」と血相を変えながらやってきた。そのため正義の蔵は一気に十二人に膨れ上がった。朝までここにいるつもりだった。が、すぐにゴーという不気味な音がして第二波が襲ってきた。急いで屋根に上がると、そのとたん、土雪流が蔵のなかに物凄い速さで雪崩れ込んだ。もしそのままいたら、おそらく全員が土雪流に押しつぶされて、一瞬にして死んでいたことだろう。子どもたちは恐ろしさのあまり、屋根にへばりついて泣きわめくばかりだった。

それればかりか、蔵が土雪流に押され、流され始めたのだった。さらに蔵がぐるぐる回ったかと思うと、メリメリという音を立てて半分に割れた。悲鳴が上がり、みなは死を覚悟した。幸いにみなはもう半分のほうにへばりついていたが、流された半分はあっという間に濁流にのみ込まれ、沈んでしまった。みなは自分たちの乗っている半分も同じ運命になると思うと生きた心地がしなかった。しかし幸いにも、半分残った蔵は沈まず、雪だまりにぶつかり止まった。蔵から降りると、雪の上を歩けるようになっていた。みなは高台にある神社に向かって走った。

神社に最初に着いたのは、倉次郎ら三人だった。寒さをしのぐために神社の板を剝がして火を焚いた。煙がひどく目に沁みるばかりだった。そこへ作次郎の妻が何かぶつぶついいながらやってきた。「作次郎と子どもたちは」と聞くと、「子どもたちは正義のところへ逃がした。作次郎はこの下で倒れている」といった。倉次郎たちがあわてて捜しにいくと、作次郎は倒れて震えていた。急いで神社に運び込み、火のそばに寝かせたが、震えは止まらなかった。

そこへ正義が家族だけでなく、作次郎の子どもたちを連れてやってきた。さらにどこに行っていたのか、きみ子がやってきた。これで十七人が助かったのだが、作次郎の呼吸がだんだん遅くなってきていた。そして気がつくと、じきに息をしなくなっていた。しかし、何もしてやれなかった。

生き残った十六人は飢えと寒さに震えながら、ほかの人はどうなったのか、恐ろしいことになったといいながら茫然としていた。作次郎の妻は相変わらず、吉川孫左衛門の家がこなかったらこんなことにならなかったのにと、恨みごとのように繰り返していた。

しかし、倉次郎たちは状況から察して、「孫左衛門さんの家があったから、山津波の直撃を受けずに逃げ出せる時間ができた」と思っていた。作次郎の妻には何もいわなかったが、倉次郎は「孫左衛門さんに助けてもらった。孫左衛門さん一家もそのうち神社にやってくるだろう」と思っていた。

中流域の集落で、ひとり夜通し川のようすを見ていた古老が、夜中に川の水が急に増えただけでなく、家の一部や家財道具などがぶつかり合いながら流れてきたのを見て、上流で山津波が起きたことを知った。そして「上で山津波が起きた」と叫んだ。すると、避難していた人たちがみな起きて、いっせいに川のほうを見た。古老がいったとおり、さまざまなものが恐ろしい勢いで流れてくるのが見えた。なかには馬もいた。水面から頭を出して苦しそうにもがいていた。しかし、何もできなかった。「もしかしたら、大然、佐内がやられたかもしれないな」というと、その集落に親戚がいる者は「さあ、助けに行かなければ」といい立ち上がった。しかし、古老は「今行ってもだめだ、夜が明けてからだ、今行っても危ないだけだ」といった。ゴーという音がして川の流れがさらに激しくなった。第二波だった。

「山津波はこうして何回も来る。こんなときにいったら二重遭難になる。終わるまで待て」

そういわれると、親戚のある者は泣きだした。その一方で、親戚のない者は「大然、佐内の連中はクマばかり獲って儲けたから山の神様の罰が当たったんだよ」、さらに「殺されたクマの祟りだよ、祟り」といった。それを聞いた人は「なんてことをいうんだ、もう一回いってみろ」と怒鳴り、今にも殴り合いになりそうだった。が、古老が「喧嘩なんかしている場合か。きっと上では流され、避難した人が腹を空かしているると思う。握り飯でも今のうちに作って朝になったら持っていってやることを考えろ」というのだった。親戚のある者は急いで準備にとりかかった。

夜が明けた。倉次郎たちは神社から集落を見下ろして愕然とした。大然の集落が消えていた。昨日まであった家がなくなっていたのである。佐内はどうなっただろう。大然よりひどくはないだろう。佐内には倉次郎の家がある。昨日の夕方、食事をして家族と別れてから吉川伊佐美の家に泊まっていたので心配だった。出がけに父親が川の流れを見て、「こんな日は山津波があるかもしれない、気をつけて行けよ」といった言葉を思い出していた。

倉次郎と正義はようすを見に向かった。しかし、すぐに絶望した。佐内の集落の家々が屋根まで土雪流に埋まっていたからだ。しかも誰もそんな家のなかから這い出してきた形跡がなかった。倉次郎は家の前に立ったが、もうだめだなと思った。家のなかで両親と弟たちが死んでいると思うと、涙が流れた。「父さん、母さん」と大声で叫んだ。しかし、誰も答えてくれなかった。なす術もなかった。隣りの家も、さらに隣りの家も同じだった。不思議なのは、佐内の集落のいちばん下にある船水という人の家がなんの被害もなかったことだ。理由は家の下に大きな貯木場があり、そのなかに土雪流が流れ、直撃を免れたのだった。まさに奇跡だった。

夜が明けると、中流域の人が数人、握り飯など食料を背負って上流域へと向かった。道のあちこちに家の残骸や家具、衣類などが散乱していた。誰もが顔を顰《しか》めずにはいられなかった。佐内に入ると、船水の家以外が雪のなかに埋まっていて、なかから誰も逃げ出していないことを知り、山津波のひどさがわかった。さらに上流に向かうと、大然の家も雪に埋まっているだけでなく、吉川孫左衛門の家など跡形もなくなっているのがわかり、「あんなに大きな家もなくなってしまうのか」と絶句し、山津波の恐ろしさを知るのだった。

これじゃ全員死亡かと思われたが、神社のほうから声が聞こえ、生存者がいることがわかった。急いで行き、炊き出しの握り飯を差しだすと、むさぼるように食べた。それを見て、みなが「山の神様が助けてくださったのだ」と手を合わせるのだった。

その日から役場の関係者や警察だけでなく、中流域、下流域の集落の人たちが来て、本格的な捜索が始まった。当時、佐内、大然にいたのは、全員で百九人だった。そのなかで助かったのは、神社に逃れていた十六人、そして船水の家にいて無事だった五人のみだった。それ以外の八十八人は、ほぼ即死状態だった。家が破壊され、流されたため、木に引っかかっていたり、雪の上に投げ出されたりした人もいたが、ほとんどの人は家のなかに寝たままの状態で埋まっていた。寝ている間に玄関や窓を破って雪が入り込み、逃げる間もないうちに死んだものと思われた。そのため、捜索は屋根に穴をあけ、そこから雪を掘って捜しだすという困難な作業になった。なかには幼子を抱いて死んでいる母親や、山津波に気がついて逃げ出そうとして、そのままの姿勢で亡くなっている人もいた。吉川孫左衛門の家は一家全滅だった。孫左衛門はいちばん下の子どもを抱いて死んでいた。添い寝をしていたのだろう。倉次郎ら生前に孫左衛門に世話になった人たちの涙を誘った。

遺体は発見され次第、佐内の吉川寅助の家の裏に粗末な敷物を敷いてその上に並べていった。あっという間に五十体ほど並んだ。ほとんどの人が裸に近い状態であった。白い着物を着せて棺桶に入れようと思っても、戦争中ということもあり物資不足のため何かかぶせてやることすらできなかった。二十五日には、すぐそばの川原で荼毘《だび》に付すことになった。

そして二十五日になった。川原に遺体が次々と並べられていった。本来なら八十八体が並べられるはずだが、いまだに発見されない人も多数いた。駆けつけた親戚の人たちが遺体に縋《すが》りついて泣いている。なかでも哀れだったのが、山津波が起きる数時間前に生まれたばかりの男の子の小さな亡骸《なきがら》だった。この世に誕生して数時間しか生きられなかった。それを見てもらい泣きをしている人が多くいた。

そんなときである。「ああ、ここには鬼がいる、鬼が」と叫んだ人がいた。駆けよると、その人は遺体を指さして「ここには鬼がいる。死人の口を見ろ、口のなかに手を突っ込んで金歯を盗っていった鬼がいる」と叫んだ。みなが近寄ってみると、遺体の口がこじ開けられゆがんでいるのがわかった。それも何人もいた。

「金歯をしているのを知っている奴が盗ったんだ、誰だ、誰が盗ったんだ」

男がそう怒鳴っても、「ひでえことしやがる」と誰もが驚くばかりだった。

「見つけたらぶっ殺してやるからな」

男はそう叫んだが、叫んでも鬼が現れないことがわかると、なす術もなく、川原でうずくまって泣くしかなかった。佐内、大然の人は農業以外にマタギをして収入を得ていたため比較的裕福で、金歯を入れていた人が多かったのである。

やがて、種里臥竜院《たねさとがりゅういん》の住職が来て、お経をあげた。それが済むと、木に火が放たれ、茶毘が始まった。棺桶がないため遺体が焼かれていくようすが丸見えだった。まず髪の毛が燃え、肌が黒く焼け焦げていった。筋肉が収縮するのか、遺体が寝がえりを打ったように見えたり、立ち上がるように見えたりした。なかには口が開き、何かいいたそうに見える遺体もあれば、目がカッと開いて睨みつけるように見える遺体もあった。思わず目をそむけずにはいられなかった。まさに地獄絵図だった。

翌日も川原には発見された遺体が次々と運ばれ茶毘が行われたが、始まる前にまたしても「やっぱりここには鬼がいる」と叫んだ人がいた。どうしたのかというと、「骨を拾ったあとの灰がかき回されている」というのだ。

「夜中に鬼が来て、溶けて落ちた金歯を盗りに来たんだ。罰当たりめが」

見ると、ほぼ全部の灰がかき回されていた。

「鬼だ、ここには鬼がいる。ああ、くそ、くそう」

そう叫んだが、やはりいつまで叫んでもらちが明くはずもなかった。再び荼毘を続けるために、泣きながら遺体を運んだり、薪を拾うのに忙しく動かなければならなかった。

こうして遺体は次々と荼毘に付されていったが、全員が終わるまでにはまだ多くの時間がかかった。雪の下に閉じ込められ、雪が解けてようやく発見された遺体もあれば、川に流され日本海に出たあと、浜辺に打ち上げられた遺体もあったからだ。そんなときは発見された場所に木を積んで火葬をした。

遺体が発見されたといわれれば、真っ先に駆けつけたのが、生き残った倉次郎ら若者たちで、嫌な顔ひとつ見せずに立ち働いた。倉次郎ら若者たちは一瞬にして親兄弟、親戚のほとんどを亡くし、ひとりぼっちになったが、中流域にある知人の蔵を借りて共同生活をしていた。生き残った自分たちでなんとか集落の再興をしようと誓い合っていたのである。そして、いつかは、以前のようにマタギができる集落にしたいと願っていた。

倉次郎たちは子どもの頃から吉川孫左衛門について歩き、マタギの修業をしていた。「大人になったら、孫左衛門さんのようなマタギになりたい」と思っていた。そのためなら茶毘だろうが、石で埋まった田の石取りだろうがなんでもやった。すべて集落の再興のためだった。自分たちが今、こうして生きていられるのも孫左衛門さんの家が大きかったため、山津波の直撃を受けずに逃げる時間があったからだと思っていた。

もし、家が小さかったらどうなっていたか。土雪流の直撃を受け、逃げる間もなく全員が死んでいたことだろう。最後の最後まで孫左衛門さんに助けられた。それは倉次郎たちの共通の思いだった。そんな孫左衛門のためにも将来は農業ばかりでなく、マタギも復活させたいと思ったのである。

倉次郎たちは、手が空いたときなど孫左衛門とマタギをしていた頃の思い出話をよくした。孫左衛門は厳しい人だった。それはほかでもない、猟は一歩間違うと死ぬこともある過酷な仕事だ。怪我人のひとりも出さないために厳しく教えられたのである。が、マタギが終わると、酒を飲ませてくれたり、クマの肉を食べさせてくれたり、さらにはマタギのオキテを教えてくれたりしたものだ。

「ああ、またみんなで山に入りたいな。そのためにも、まずはみんなで米を作れる田を早く耕さないとな」

そういうと、みんなは寂しくなり、嗚咽するのだった。

田を耕し米を作るためには種もみが必要だった。しかし、何もかも流され、自分たちは持っていなかった。集めてこなければならなかった。

倉次郎たちが種もみを分けてほしいと中流域、下流域の農家を訪ねると、「たいへんだな、がんばってな」といい、くれる人もいたが、なかには「お前らマタギにやる種もみなんかねえ」と戸を閉められたこともあった。ほかの家を訪ねると、譲ってもいいが、金をもらうよといわれた。それが法外な値段だった。

さらに若者たちを見ると、「山津波は、マタギがクマを獲りすぎたから、山の神様の祟りで起きたんだ、いい迷惑だ」などといわれたこともあった。さらに、「吉川孫左衛門の家が大きいから周りの人も死んだんだ、マタギはろくでもねえ」という人もいた。そういったのは、かつて孫左衛門と一緒にマタギに入っていたが、マタギのオキテに背き、勝手に山に入るなどしたため破門された男だった。

倉次郎は「違いますよ、家が大きかったお陰で俺たちは助かったんですよ」といったが、「うるさい、もう二度と来るな」といって戸を閉められた。倉次郎は、この男は何もわからないで自分の想像だけでいっているのだと思い、これ以上何をいっても無駄だと、その家をあとにした。すっかり落ち込み、投げ出したくなったが、それでも倉次郎たちはなんとか種もみを手に入れ、諦めずにこつこつと田作りに励んだ。

八月十日、種里臥竜院で合同葬儀が行われ、多くの遺族が参列した。倉次郎は参列者のなかに、あの日以来姿を見せなくなった、きみ子を探していた。ずうっと気にしていた。会いたかった。しかし、きみ子はいなかった。代わりにきみ子の親戚がきていた。「きみ子はどこでどうしていますか」と聞くと、「きみ子は親戚に引き取られたが、あの日のこと、母さんと姉さんを残して自分だけ逃げて助かったことを思い出すと、夜も眠れなくなるから、大然には二度と来たくないといっていたよ。この村のことは思い出したくないって。そっとしておいてやってくれないか」というのだった。倉次郎は泣けて仕方なかった。

その五日後、日本は終戦を迎え、長くて暗いトンネルからようやく抜け出した。戦争から帰ってくる人が増えた。なかには山津波のことを知らずに帰ってきた人もいた。家に帰る前に髭を剃ってもらおうと駅前の床屋に入った。久しぶりに会う家族のためにさっぱりした顔を見せたいと思ったのである。しかし、髭を剃っているうちに床屋の主人に「大然で山津波が起きて、たくさんの人が死んだのを知っているか」といわれた。「知らない。嘘だろう」というと、いやほんとうだといわれた。大災害が報道されていなかったのである。急に心配になったその人は、居ても立ってもいられなくなった。髭剃りの途中だったが、転げるように家に向かった。タクシーもバスもない時世である。不安な気持ちで暗い夜道を何キロも歩きつづけた。家に行く前に妻の実家に寄ると、一家全滅になったことを初めて知った。家族の遺骨の入った骨箱が机の上に並んでいた。「せっかく生きて帰ってきたというのに……」と骨箱を抱いて号泣した。

その頃からである。弘前の骨董店に孫左衛門の家にあったさまざまな古道具が並べられていると噂が立ったのは。倉次郎は、山津波で流され、海の藻屑となったとばかり思っていたが、気になったため見にいった。すると、噂どおりに孫左衛門の家で見たことのある品々が並べられていたのである。

「これ、どうしたんですか」

「なんでもマタギをやっていた人が、結婚するために金が必要になったので売りにきたんだ」と店主がいった。

赤石川の東側にそびえる然ヶ岳。
この山に雪のダムから流れ出た土雪流が激突、大然集落を襲ったという。
小さな建物があるあたりが、かつて存在していた大然集落の跡。

「誰が売ったんですか」

店主が帳面を出して調べた。そしてこういった。

「吉川宏という人だね」

「まさか」

「何がまさかなんだ」

「吉川宏は孫左衛門さんの息子だが、戦争で南方戦線に行ったきり、行方不明になっているんです。そんな人がどうすれば、こんな貴重なものを売れるというんですか、誰かが拾って売りにきたんです。売るのをやめて返してくれませんか」

「そんなことをいわれてもな。その人に金を払ってしまったから、そんなことはできない。あんたが払ってくれれば別だが……」

店主はうるさそうにいった。

倉次郎は吐き気がした。流された道具を拾い、それをさも自分のもののようにして売った鬼がいたのである。死者たちの口から金歯を盗ったのもその鬼の仕業か。倉次郎は、

「ああ、この世はこれからどうなるんだ」

そう思わずにはいられなかった。

忌み数

山下は戦前から白神山地でマタギをしてきた。若い頃は組に入らず、知人と山に入っていたが、思うようにクマを獲れず、悔しい思いばかりしてきた。ところが、戦後に一ツ森在住の大谷石之丞という一九〇五年（明治三十八）生まれで十八歳も年上のマタギとたまたま知り合い、山に入った。すると、クマを獲ることができた。

石之丞は、クマの生態をよく知っていた。どこで待っていればクマが通るとか、どこにクマがいそうだとかしっかり頭に入っていた。獲物を獲りたければ、相手を知れ。そのため石之丞は、若い頃からよく山を歩き、調べた。それが獲れた理由だ。

しかし、残念ながら、肝心の銃さばきはうまいほうではなかった。愛用の村田銃はときどき外れ、獲物に逃げられたことが何度かあった。しかし、めげずにすぐにクマがいそうな場所を求めて移動した。すると、獲れた。簡単にいえば、石之丞は努力の人、だったのである。

石之丞がよくクマを獲るのでほかのマタギから嫉妬され、罠でもかけているんじゃないかと嫌みをいわれたほどだった。だが、石之丞はそんな雑音に耳を貸さず、ひょうひょうと自分の狩りを続けていた。山下はそんな石之丞を見て、マタギは銃さばきよりもいかに山を知っているかがたいせつだと改めて気づき、それ以来、石之丞を師匠と仰ぎ、春だけでなく、一年中、一緒に山に入った。その期間は、石之丞が老齢のためマタギを辞めるまで約三十年間も続いた。

「マタギは常に危険が伴う。下手をすればクマに襲われて死ぬこともある。そのため二人の息がぴったり合っていないと事故につながりかねない。打てば響くようでなければ、いざクマを追うときに獲れるものも獲れなくなる。私と石之丞はそんな関係だった」

とはいっても、最初からかならずしもうまくいったわけではなかった。

「はじめの頃は、疑問に思うことが何度もあり、そのたびに一緒に行くのをやめようかと思った」という。たとえば、どんなことか。

「明日、山に入るぞといわれ、楽しみにしていたのに、急に行かないということが何回もあった。理由を聞いたら、喧嘩して負けた夢を見たとか、女の裸の夢を見たとか、要するに夢見が悪いからやめるという。そんなことでやめるのかと何度首を傾げたことか」

しかし、それはまだよいほうだった。やはり、明日、山に行くというので迎えに行くと、準備もせずに家のなかで居眠りをしていた。理由を聞くと、「昨日、家に知り合いが来た。聞いているうちに結婚式の帰りだということがわかった。山の神様は結婚式などの祝いごとが嫌いだから、その雰囲気を山に持ち込むと、獲物を授けてくれない。だから行かない」というのだった。山下はがっかりしたが、石之丞がなんの悪気もなさそうにしていうのを見て、マタギの心構えはそういうものかと感じ、おとなしく従わざるをえなかった。ちなみに葬式に参列することはなんら問題がないという。葬式で悲しい思いをしている人に山の神様は同情して、獲物を授けてくれるからだという。

さらに、山下が首を傾げたのは、二人で山に入っても石之丞が途中で「今日は帰る」といって帰ってしまうときがあったことだ。「どうしたんですか」と聞くと、「家のことで気になることができた」という。たったそれだけで猟を中止してしまうのである。

「まだ若い頃は、わがままな人だなと思って頭にきたけれど、何か気になることがあると、猟に集中できなくなる。それをないがしろにして猟をやると、事故につながる。雑念が入ると、それだけで猟は雑になり失敗する可能性がある。失敗は死につながる。それを教えたかったのだろうと今ならわかる。そのくせ、気になることがないと何日でも平気で山に入り、心臓麻痺でも起こしたのではと、心配した家族が迎えにきたものだったが」といって笑う。

それら以外にも石之丞は、山に入る一週間前から妻と同衾してはならないとか、猟に出かけるのを妻に見送りさせてはならないなど細々としたマタギのオキテを山下に教えた。それもこれも嫉妬深い山の神様の怒りに触れずに獲物を授けてもらうための心構えなのだという。山の神様の機嫌を損なうとたいへんな目に遭うと信じているのである。

石之丞は数に関しても慎重だった。

「たとえば、四と九という数字。それは死と苦労につながるから避けていた。キノコを採るのでも五つあれば、三つにするとかしていた。決して四つ採るようなことはしなかった。何もそこまでこだわる必要があるのかと思ったけれど、石之丞はかたくなに守っていました」

いわゆる忌み数である。それはマタギでなくても、一般の人でも縁起が悪いといって避ける数字である。しかし、マタギにとっての忌み数は四と九以外にもある。たとえば十二。

「私らは常に二人だったから関係なかったが、十二人で山を歩いているマタギを見ると、人形でも作って十三人にしろといっていたものです。いわれたほうは驚いていましたが、昔から十二人で歩くと、山の神様が嫌うといわれていました。十三というのは、十三日の金曜日などといって縁起が悪いのではと聞くと、それは西洋の忌み数であって日本では十三は忌み数にはなっていない」と、ピシャリといわれたという。

それにしてもなぜ、十二という数字にそれほどこだわったのか。

「場所によってさまざまだが、うちのほうは山の神からきているらしい。山の神の別名を十二様といい、それは子どもが十二人いたからだとか、一年に十二人子どもを産むからだとかいわれているが、詳しくはわからない。西目屋村には、猟師が十二人死んだから十二が不吉といわれる言い伝えもある。いずれにしろ、山の神様はマタギに豊かな実りや猟果を与えてくれる神として敬われている。しかし、その一方でオキテを破ったりすると、罰を与えるといわれている。そのため、山の神を畏れ、怒らせないように十二という数字を尊重してきた。毎月十二日を山の神の日として山に入らないようにした。だから前日に山にクマが出たと仲間から報告があっても、十二日にはほんとうに入らなかったことが何回もあり、残念な思いをした。でも、周りで誰かが怪我をしたという話が出ると、たいてい十二日にこっそりと山に入って事故につながったと聞いています。不思議といえば不思議です」

なかでも興味深かったのは、明治時代に起きた事故の話という。

「明治二十二年二月十二日に十二人の労働者が、なんの工事か不明だが、工事をするために八甲田山に入ったが、山麓の賽ノ河原で遭難、凍死した事故が起きた。石之丞は、あれは山の神の祟りだといっていました。十二という数字が三つも並んでいるからだそうです。自分としては眉唾だと思ったが、そういうこともあるかもしれません」

山下は懐かしそうにいった。

一九八七年（昭和六十二）八月、大谷石之丞は他界した。享年八十二だった。六十年以上のマタギ生活で七十八頭のクマを仕留めた。師匠のいなくなった山下は、その後、同じ集落の若者たちと山に入ろうとしたが、結局、きっぱり辞めた。というのも若者たちは、集合場所に集まっても二日酔いだったり、昨夜遅くまでテレビを見ていて寝不足だったりしたからだった。そのくせ、新品のライフルを自慢しあっていた。山下は、若者たちに緊張感がないばかりか、肝心な山を畏怖する気持ちが少なく、マタギを単なるスポーツ程度にしか考えていないことがわかった。そのときの若者と、自分が教えられてきた山に対する感覚があまりにも隔たっていたため、一緒に歩くことは無理だと思った。

山下はたまらず、「俺、帰る」といってその場から離れた。そしてその日限りで、きっぱりとマタギに終止符を打った。気にかかることが多すぎて、とてもマタギに集中する気力がなくなったからだという。

*一七二ページの「セキド石」を参照。

クマ隠し

秋のある日、天気がよかった。山下は、その年もキノコを採るために竹で編んだカゴを背負って白神山地に入った。目的のキノコは、ミズナラの根元に白い花が咲いたように出るひと抱えもあるマイタケだ。そうなるには、ミズナラの木が四、五百年の古木でないといけない。マイタケもそうだが、その古木に会うのも楽しみだ。誰も知らない自分だけが知っている秘密の場所である。

マイタケを採ったら、近所の人に分けてやろう。そして、天ぷらにしようか、煮つけにしようかと考えながら登っていくだけで、鼻の奥にマイタケのあの独特の匂いが漂い、口のなかに唾が溢れてくる。町で売っているものとは、比べものにならないほど美味い。早く採りたい。ミズナラの古木は、斜面を下った沢が足元に見える場所にある。山下は斜面を登り、そして下った。

一時間ほども歩くと、ふと、獣の匂いが下からの風に乗って流れてきた。クマだと思って立ち止まると、なんと足元のすぐ下にクマがいるのが見えた。そのクマも山下を見ていた。クマは唸って、今にも攻撃をしようとしていた。山下は肩からカゴをゆっくりと外した。クマは人間の匂いを嗅ぐとすぐに逃げるが、急な鉢合わせのときなどは逃げ場を失い、襲ってくることがあった。このままでは、クマにやられると思い、山下はとっさにカゴをクマに向かって放り投げた。カゴに気を取られたクマは目で追った。そのすきに山下はクマの頭を足で蹴飛ばした。

するとクマは斜面をゴロゴロと転がり落ちたが、じきに止まり、立ち上がった。そして、そのまま姿を消した。銃があれば追いかけるところだが、今日は残念ながら丸腰だ。追いかけても無駄足になるだけだと思い、投げたカゴを探した。

そのとき、今度は、頭のすぐ上でクンクンと子グマの鳴く声が聞こえた。振り返ると、木に登っていた子グマが二頭、へっぴり腰で下りようとしているところだった。それを見て山下は、母グマが子グマを遊ばせていたところに自分が来て、鉢合わせしたことがわかった。子グマを捕まえようかと考えたが、きっと母グマはじきに子グマを助けるために上がってくるだろう。そのときに母グマを捕まえようと考えた。何か武器になるものはないか。山下は周りを見回し、近くに落ちていた太い枝を拾って、余計な枝を急いで切り落とすと、棍棒にした。振ってみると、重さも充分あり、固そうだ。それを握って木の裏に隠れ、ようすをうかがった。子グマは母グマを呼ぶように相変わらずクンクンと鳴いていた。

案の定、母グマは子グマを取り戻すために登ってきた。牙を剝き、唸りながら登ってきた。子グマを守るために母グマは必死なのである。母グマは、二頭の子グマと会った。まるで、よかったとでもいうように母グマは子グマをなめていた。

山下は木の裏からすっと出た。そして、棒で思い切り母グマの脳天を叩いた。手応えがあった。手が痺れるほどだった。母グマはたまらずゴロゴロと下に落ちていき、十数メートル先で止まった。子グマはと見ると、クモの子を散らすようにあっという間にいなくなった。母グマのほうに向かっているのかと思ったが、母グマは相変わらず下で倒れているばかりだ。母グマが倒れているのに、子グマたちはそばに行こうとしなかった。なんと薄情な子グマたちかと思った。どこかにさっさと逃げていってしまったようだ。山下は、母グマのほうにゆっくりと下りていった。おそらく母グマの頭がい骨は割れて、即死したことだろう。あと数メートルで母グマのところに着こうとしたときだった。

それまで天気がよかったのに急に霧が流れてきて、あっという間に視界を閉ざした。

山下は緊張して棒を握り直した。母グマが何かの拍子で蘇生し、霧のなかからいきなり飛び出てきて、襲われないとも限らないからだ。人間は濃霧のなかでは何もできないが、クマは匂いで近づくことができる。山下は全身を耳にして、ようすをうかがった。すると、今度は霧が急に晴れた。あっという間のできごとだった。

視界が利くようになった。安心した。しかし、目の前に倒れているはずの母グマがいなくなっていた。濃霧と共に消えたのである。逃げられたと思った。周りを見回してもクマのクの字もなかった。母グマは死んだふりをしていたのである。こうなったら、子グマでも捕まえて帰ろうかと思った。そんなに遠くには行っていないはずだ。そう思って見回した。しかし、子グマもいなくなっていた。どこへ行ったのだ。すると、視界の隅で何かが動いているのに気がついた。見ると、百メートルほど先の川原を母グマが走っていくのが見えた。

もしかしたら、と思って見ていると、その母グマを追いかけるように二頭の子グマも走っているのが見えた。そして、母グマがスピードを落とすと、二頭の子グマが母グマのそばに近づいた。そして、三頭が揃うと、今度は森のなかへ消えていくのだった。

山下は、「くそっ、やられた」と叫んだ。母グマが倒れていたのは、子グマを逃がすための芝居だということがそれでわかった。母グマが倒れている間に、子グマは森のなかを下っていっていたのである。そして、母グマの姿が見えると、合流したのである。まるで打ち合わせでもしていたように。敵もさるものである。山下は怒りを通り越して笑ってしまった。

殴られながらも、この急場をしのぐためにどうしたらいいか、母グマは懸命に考えていたのがわかった。山下は感心していた。クマのことを知っているようで何も知らなかったことがようやくわかった。

それにしても急に現れ消えたあの濃霧はなんだったのか。ふと、だいぶ前、古老のマタギがいっていた言葉が甦った。

「山の神様はマタギに獲物を与えたくないとき、クマ隠しといって、濃霧を発生させたり、雷雨を降らせたりして、猟ができないようにさせることがある。マタギに真剣味が足りないときだ。自分のたいせつな仲間を簡単に与えたくないのだな、きっと」

もしかしたら、突然現れた濃霧は古老がいう山の神様のクマ隠しではなかったかと思った。真剣に獲るなら獲物を与えるが、キノコ採りのついでに獲ろうとした態度に山の神様が怒り、霧を発生してクマを隠したのではないか。山下は、もしかしたらあることかもしれないと思った。

山下は、自分の態度がよくなかったのを突きつけられた気がした。自業自得とはこういうことをいうのだなと思った。今度からはついではやめなければと痛切に感じた。山下は気を取り直して、せめてマイタケを採って帰ろうとした。二兎追う者は一兎をも得ず。欲をかくとロクなことがないなどという言葉が頭のなかで何度も繰り返された。山下なりに反省したのである。反省しながら、ミズナラの木のところに着いた。

驚いた。どういうわけか、ミズナラの古木が倒れ、せっかくのマイタケが下敷きになり、全部潰れているのだった。しかも木は今しがた倒れたばかりのようだ。山下は、それを見て、改めて、山の神様が怒っていると思った。思わず、手を合わせた。

以来、山下は、ついでに何かやるということはしなくなった。やることをひとつ決めたらそれに邁進する。それ以外には目もくれなかった。そのお陰か、その後はクマを獲ることができるようになっただけでなく、一度もクマ隠しに遭遇しなかった。

セキド石

いつの年のことかは不明だが、寒中の一月のある日、西目屋砂子瀬の目屋マタギが十二人でカモシカ猟をするために白神山地に入った。やがて、摩須賀《ますが》岳の麓、西津軽郡赤石村にある沢と滝川が合流するオチブ沢という沢を越えようとした。が、雪で足元のようすがまったく見えなかった。そこで先頭のひとりが「わしが先に行って見てみる」といい、崖を下りていった。しばらくして二番目の男が「いいがあ」と聞くと、「いいよお」と姿は見えないが、声だけが聞こえた。そのため二番目の男は安心して沢のほうに下りていった。

三番目の男が二番目の男に同じように「いいがあ」と聞くと、やはり「いいよお」と声だけが聞こえた。こうして四番目、五番目と順繰りに下りていった。

やがて、十一番目が下りて十二番目が「いいがあ」と聞いた。すると、またしても

「いいよお」と聞こえた。

しかし、どうもおかしい。もし、「いいよお」であれば、すでにほとんどの者が崖を下りて沢を渡っているから、向こう岸を並んで歩いているのが見えなければならない。だが、誰も歩いていないのだ。おかしい。もしかしたら崖下で休んでいるのかもしれないと思った。だが、崖下には休めるような広い場所はなかったし、雪崩が起きるかもしれないので一刻も早く通りすぎているはずだ。

不思議に思いながらも十二番目の男が下りていくと、あたりには誰もいなかった。休んでもいなかった。見ると、驚いた。なんと十一人が死体となって川に浮かんでいたのだ。

「カモシカを獲りに大勢で入ったため、山の神様が怒ってみんなを沢に沈めたんだ」

十二番目の男は恐ろしさのあまり、あわてて戻り、家に逃げ帰った。

以来、十二人で山に入ることは縁起が悪いこととされた。もし十二人になると、ひとり増やして、十三人にするか、三助さま*と呼ばれる人形を作り、ひとりぶんとして数え十三人にした。

このマタギの遭難を憐れんで作られたのが、青森県西目屋村田代の道端に置かれている「マタギの碑」と刻まれた高さ一メートルほどの石碑だ。注意しないと通りすぎてしまいそうな、なんの変哲もない石碑である。地元の人はセキド石（石の塔の意）と呼び、前を通るたびに手を合わせるという。

セキド石は、最初、何も刻まれずに砂子瀬集落中心部の街道の分岐点に建てられた。その後、目屋ダムの建設で砂子瀬集落が水没するため、一時、神社の境内に移された。さらに一九七五年（昭和五十）に共同墓地に移動した。そして現在、「マタギの碑」と刻まれ、西目屋村田代の道端に置かれているのである。

＊人型に木を削り、顔の部分に墨で顔を書いた人形のことである。マタギの組によっては、手袋で人形を作ったり、家にある子どもの人形を持参し、ひとりぶんにしたという。

第五章　不思議な自然

大鳥池の巨大怪魚

大鳥マタギの与一はそろそろ還暦を迎えるという年になっていたが、雄弁だったし、元気だった。山を歩いても速く、こちらが「待ってください」とお願いするほどだった。そうして山を歩きながら、とある湖までやってきた。以東岳（一七七一メートル）の山麓にたたずむ大鳥池だった。神秘的な雰囲気がよかった。

すると、与一が急に言葉を発しなくなったのに気づいた。

「どうしました、疲れましたか」と聞くと、「いや、あの、その」と言葉を濁し、足早に歩いている。表情も何か怖がっているようだった。何かあるのかと思い、聞くと、「あとで話す」といい、歩きを止めようとしなかった。急にどうしたのだろうと思いつつも、きれいな池だなと思いながら与一に遅れがちに歩いた。

池を過ぎ、再び、森のなかに入った。すると、与一はほっとした表情をして、「よかった」というのだった。

「どうしたんですか、大鳥池に出たとたん、別人のようになって」

そういうと、与一はこういった。

「大鳥池は怖いんだよ」

「怖い？」

「そう、怖いんだ、あそこには魔物が棲んでいるんだ」

私は噴き出した。

「クマを怖がらないマタギが何が『怖いんだ』ですか。この現代に魔物なんているわけがないじゃないですか」

「いや、そうじゃない、俺は見たんだ、大鳥池の主を」

「大鳥池の主？」

「そうだ、大きな魚だ」

「まさか、一メートルもあるというような奴がいるというんじゃないでしょうね」

「いや、もっと大きい」

「二メートルですか」

「いや、もっと大きい」

「三メートルですか」

「いや、もしかしたら一〇メートルはあったかもしれない」

その言葉に驚くのは私のほうだった。

「まさか、そんな大きな魚が、海でもあるまいし、こんな山のなかの池にいるわけがないじゃないですか」

「いや、確かにいた。最初は、飛行機か何かが水面に映っているのかと思ったが、違った。巨大な魚が泳いでいた。クジラくらい大きい魚がゆったりと泳いでいるのを俺はこの目で見たんだ。しかも三回も、だ。そのたびに俺は腰を抜かした。そして、この池には主がいると確信した。ほかの奴にいっても誰も信じてくれなかった。というより馬鹿にされた、夢でも見ていたんだろうと。しかし、あれは間違いない。一度や二度ならまだしも三回もだからな」

見たときの恐怖を思い出したのだろう、与一の表情は再び硬くなっていた。私はもしかしたらほんとうにいるのかもしれないと思った。与一が嘘をついているように見えなかったからだ。

大鳥池は朝日連峰のひとつである以東岳の麓、標高九六二メートルにある池で、周囲三・五キロ、最深深度六八メートル、周りを深いブナ林で覆われた神秘的な雰囲気の池である。

巨大魚の目撃談は与一以外にもあった。以前から、さまざまな目撃談があり、いつからか「タキタロウ」という名前もついていた。朝日村役場（現・鶴岡市）も予算を組んで調査に乗り出したことがあった。刺し網や仕掛けを使って捕獲しようとした。しかし、捕まえることはできなかった。その後、魚群探知機を使って池のなかを調べると、三メートルを超す巨大な魚の影が三匹も映り、タキタロウが実在することが証明された。

それ以来、タキタロウは朝日村のシンボルになり、町のあちこちにタキタロウの看板はもちろん、資料館としてのタキタロウ館もできた。

与一はいう。

「三メートルのタキタロウはまだ小さい。俺の見たタキタロウはもっと大きかった。嘘じゃない。この目でしっかりと見たんだからな」

真剣そのものだった。しかし、その後も巨大タキタロウを見たという話は聞こえてこない。いったいどこへ潜んでいるのだろう。夢か幻か。いまだに謎のままだ。

山形県と新潟県の県境にまたがる朝日連峰のひとつ、
以東岳の麓にある大鳥池。周りをブナ林で囲まれた静かな池である。
この池に巨大怪魚が棲息しているという。（写真＝佐藤徹也）

マサカリ立て

吉川は耳を疑った。ブナ林にチェーンソーを持って入ったときだ。どこからともなく声が聞こえてきたのだ。最初は気のせいかと思ったが、しかし、今度ははっきりと聞こえた。「次は誰が伐《き》られるのだろうか」とか、「今日は俺の番かな、嫌だな」などという声である。念のため、後ろから歩いてくる仕事仲間を見ると、彼らはチェーンソーなど重い伐採機材を担ぎながら一様に無言で歩いてくる。ラジオを鳴らしている者もいない。誰も喋っていなかったのである。それを見て吉川は、ますます、チェーンソーを担いで歩いている俺たちを見て、「怖がっているのだ、ほかでもないブナたちが」と思った。

吉川は、子どもの頃、父親たちがいっていたことを思い出していた。

「昔、マタギがマサカリを担いで山に入ると、森がざわついたものだ。今日は誰が伐られるのか、次は俺の番かといっているように聞こえた。だから、昔は山で木を伐るとき、木の魂を慰めるためにマサカリ立てという儀式をした。最初、伐るブナに鋸でノコ目を入れ、マサカリで受け口を作り、酒二升を供えた。それからブナを伐った。ブナはギギギーッという音を立てて倒れる。まるで断末魔の叫びのようだが、猟をするための小屋を作ったり、飯を炊く薪にするために必要なので、申しわけないと思いながら伐った。伐り終わると、伐り株の上に酒二升とマサカリを立てて手を合わせて拝んだ。その後、酒一升を伐り株の周りに撒き、残りの一升をみんなで御神酒として飲んだものだ」

まだ子どもだった吉川は、そんな話を聞き、木が伐られることを恐れるなどあるわけがないと内心思っていた。年寄りたちの作り話にすぎない。大体にして木には目がないからマサカリを認識できるわけがないではないか。信心深いマタギが、罰が当たらないように木を擬人化して考えた話だと思っていたのだ。ずうっとそう思っていた。

ところが、今日、森に木を伐るためにチェーンソーを持って入ると、その声が聞こえてきたのだ。父親がいっていたのと同じ声だ。吉川は立ち止まると、仕事仲間に「ブナが俺たちを怖がっている」といった。すると、仕事仲間はみな、一度は耳を傾けるようにしたが、「何も聞こえないよ」「お前、頭おかしくなったんじゃないのか」などと軽蔑したような表情をして、「今日の現場はまだ遠い、何を寝ぼけたことをいっている。さっさと歩け」といわれ、再び歩くしかなかった。

しかし、歩きながら、吉川はまたブナの声を聞いた。「ああ、行ってよかった」「これで伐られなくてもいい」「でも、この先の誰かが伐られるんだろうな」……まるで木々が会話しているようだった。

吉川は確信した。木は歩けないが、生命があり、魂があるということを。だが、なぜ、今頃聞こえたのだろう。吉川は、中学を出ると営林署に雇われ、ブナの伐採をする仕事に携わった。もう一年ほど経っている。その間はブナの声は聞いたことは一度もなかった。ブナを伐ると、給料がもらえ、嬉しかっただけだ。稼いだ金を親に渡したときの嬉しそうな顔を見て、俺も大人になったという気持ちになった。だから、もっともっと木を伐って稼いで親に金を渡そうと思ったものだ。

しかし、毎日のようにブナを伐っているうちに、際限なくその範囲が広がっていった。このままではブナがなくなってしまうのではないかという不安にかられた。伐ったあとは無残なはげ山になっていた。こんなはげ山になったらいいことはないと不安になった。父親がよく山に木がなくなると、川がだめになり、しまいには海もだめになる。自然はみんなつながっているといっていたことを思い出した。実際、吉川が伐採作業に従事するようになってから、赤石川の土手があちこちで崩れ、洪水が起きるようになった。清流だった川がいつも赤茶色に汚れ、イワナなどの魚が浮いているのを何度も見た。こんな汚れた川の水が海に流れれば、魚も死んでしまうのは必定だ。

そんなことを考えていた矢先にブナの声が聞こえてきたのである。吉川は木にも命があり、魂がある。これ以上木を伐ることに抵抗を感じ、もう辞めようと思った。吉川は、営林署に辞表を出した。そして、冬は出稼ぎをして、雪のないときは父親が経営している旅館を手伝うことにしたのだった。

これに似た話が屋久島にもある。屋久島は昔、屋久杉を神木として崇めて伐らなかった。しかし、安土桃山時代以降、藩の命令で伐るようになったが、伐る人は、はじめ二回斧の背で打ち、三回目に刃を当てて伐った。

その一方、伐らない木もあった。窓木といい、幹から出た大きな枝が曲がって再び幹に付き、窓のようになった木。夫婦木といい、幹から出た大きな枝がほかの幹に合体した木。天狗の腰掛といい、大きな木の大枝の一ヶ所に小さな枝や葉が密集している木。この三種類は伐らないようにしたという。

もし、必要があり、どうしても伐らなければならないときは、前日に斧を根元に打ちこんでおいた。翌日、斧がそのまま食い込んでいたら山の神が伐ってもよいといっていることとされた。しかし斧が木から外れ、下に落ちていたら、許しがないことになるため伐らなかった。もし無視して伐ると、山の神の祟りがあるといわれたという。

山が教えてくれた

ある日、吉川が営林署の監視員として白神山地に入ると、なんだか森がざわめいていた。普段と雰囲気が違っていた。「なんだろう」と思いながら、山道を進んでいったが、やはり森がざわめいていた。風が吹いて、木々を揺らしている音とは違った。かつて、チェーンソーを持って入ると、「伐られるのではないか」と木がざわめいた経験はあるが、今はチェーンソーを持っていない。

「どうしたというのだ、何がいいたいのだ」と声に出して問うと、木々は相変わらずざわめいた。何か知らせたいのだなと思い、山のなかにさらに入っていった。

「何かが起きている。なんだろうか。気になる」

右へ行った。すると今度は、「そっちは違う」とでもいうようにざわざわする。左へ行くと、「そうそう」とでもいうようにざわめきが低くなった。

そういったことを何度か繰り返しているうちに、だいぶ山のなかに入った。とはいっても知らないところではない。吉川にはどこを歩いているかわかった。なぜなら子どもの頃から歩いて親しんだ森だから、どこをどう歩いているかわかるのである。そうでなければマタギなんかやっていられない。吉川は白神山地を熟知している。

やがて、人間の匂いがした。見ると、男が数人疲れ果てて座っていた。誰だろうと思って見ると、テレビで見たことのある男だった。男は若いが、エベレストにも登っていて話題になっていた男だった。それ以外は、その男を撮影するテレビの関係者のようだった。

吉川が「どうした」といって前に立つと、「ああ、人だ。助かった」といってほっとした顔をした。テレビの関係者のなかには、これで「東京に帰れる」といって泣いている者もいた。

吉川は持っていた水をやったり、飴をやったりした。

男は、「道に迷いました。白神山地はエベレストよりたいへんな山ですね」といった。

「そうだ、この山は標高こそ低いが、何千万年も前にできた古い山なので、谷が入り組み、急峻な山だ。落ちたら上がれない。だから馬鹿にするとたいへんなことになる

白神山地のブナ林。こんな森を歩いているとブナがざわめいた。
不思議に思い進んでいくと、道に迷っていたテレビ関係者を発見した。
ブナがマタギに危機を教えたのか。

んだ。有名人だからといって、油断して登っていたら、ひどい目に遭うぞ。何を寝ぼけたことをいっているんだ」

「すみません」

こうして吉川は先頭に立って彼らを案内することになったが、気がつくと、さっきまで聞こえていた森のざわめきはなくなっていた。この連中のことを教えたくて、森がざわめいていたのが初めてわかった。

「ありがとうな」

そう呟くと、今度は気持ちよい風が吹いた。吉川はよかったと思った。それに引き換え、男たちは、歩きながら互いをののしり合っていた。

「白神なんてたいしたことない、簡単な山だから行こうといったのは、誰だ」とか「道を間違えたのだから仕方ないだろ」などといっている。吉川は、「置いていってやろうか、こんな奴ら」と思った。有名人というのもたいしたことないと思ったものである。

彼らの車が置いてある道路に出ると、ディレクターなのだろう、男がそばに来て深く頭を下げた。

「男はそんなに頭を下げるものじゃないよ。頭を上げろ。今度白神に入るときは、きちんとガイドを雇えよ。知ったかぶりして山に入ると、今回のように痛い目を見るからな」

それだけいうと、吉川は自分の車に乗り込んだ。

第六章　人間の不思議な話

濡れ衣

誰からともなく、田中がシラをやっているという噂が赤石マタギの山下の耳に聞こえてきた。山下は、それを聞いて田中がそんなことをする人間だとは思えなかった。山下は田中を子どものときからよく知っているが、悪いことをするような奴ではなかった。たとえば、勢子役をやらせると、ほかの若者は恥ずかしそうに小声で「そーれ、そーれ」といって誤魔化そうとするが、田中はいわれたように真面目に腹から声を出して叫んだ。また、山のなかで小便をするときもほかの若者は沢に直接して叱られている者もいたが、田中は、オキテどおりに山の斜面に向かってした。たかが小便の仕方だが、山に向かってしたほうが土に吸収され、少しでも山を汚さないといわれていた。そんな具合に田中はいわれたことをよく守り、忠実に行動していた。田中の父親もマタギをしていたが、オキテには厳しく、曲がったことをするのが嫌いな性分だった。そんな家系の者がシラなど作るはずがないのである。

しかし、現場の近くに田中がいつも持ち歩いていたナガサ（ナタの一種）が落ちていたというのである。そのため所属している組の長《おさ》から、犯人がはっきりするまでしばらく出入り禁止にされたというのだ。

山下は、事の真相をはっきりさせたいと思い、田中の家を訪ねた。田中は山下の問いに、「私はシラなんかやっていません。ナガサが現場に落ちていたというけど、だいぶ前になくしたものでどこに行ったか探していたところでした」と答えた。

一年ほど前に結婚した田中の新妻も「うちの主人はそんな悪いことができる人ではないし、ひとりで隠れるようにして山に行ったこともありません」というのだった。

山下はそんな田中を信じ、この話の裏には何かあるなと思い、独自に調べようと思った。


シラとは、違法な罠の一種である。クマの通り道に木や枝などでトンネルを作り、その上に丸太や石を載せ、なかに餌のドングリを敷き詰める。クマがそのドングリを求めてトンネルのなかに入ったとたん、トンネルが崩れ、丸太や石が落ちて圧死する仕組みになっている。昔からよく仕かけられた罠だったが、作るのは密猟者であり、マタギではなかった。もし、マタギがシラを作ったことがわかれば、即刻、入っている組から破門された。

数日後、山下は田中が仕かけたとされるシラをひとりで見にいった。場所はすぐにわかった。丸太が何本もあたりに放り投げられていた。シラの跡には圧死したのだろう、クマの血の痕が飛び散っていた。しかし、それを見て、山下は、このシラはひとりでできるものだろうかと思った。少なくとも二人いないとできないのではないか。丸太を一本運ぶにもひとりでは無理だったからだ。実際、足跡を見ると、ひとりではなく、複数の足跡があった。山下は、田中が誰かに濡れ衣を着せられているのを確信し、田中のためにひと肌脱ごうと決心した。しかし、どうしたらよいかわからなかった。

それから何日かしたある日、山下は馴染みの床屋に行った。主人と世間話をしているうちに、田中がシラを仕かけたらしいという話になった。すると、主人が「あの子にそんなことはできない。あの子のことを気に入らない奴が罠に嵌《は》めたんだと思うよ」というのだった。

「それはどういうことですか」

「あの子、嫁さんをもらったばかりなんだ。しかし、その嫁さんを好きな奴がいて、結婚したからおもしろくないと聞いているよ。それで私は誰かが嫌がらせをしているのではないかと思ったりしたけれど」

「ほんとうかい？」

「いや、私の勝手な独り言ですよ、気にしないでください」

床屋は言葉を濁した。


山下はそれを聞いて、村の人に探りを入れてみた。すると、同じ組の若い男、Aがどうやら田中の嫁に惚れていたようだ。山下はそのAを知っていた。結婚したとたんに田中に冷たく当たるようになったという。

それが原因で田中を罠に嵌めようとしたのだろうか。あり得ることだが、証拠がない。

「最近、羽振りがよくて、飲み屋なんかをハシゴしているという話だよ」という人もいた。もしかして、シラで獲ったクマを売り、大金を得たのかもしれない。

山下は直接Aに会って問いただしているところを想像したが、まさか、田中を陥れるためにシラを作ったのかとは聞けなかった。下手に聞いたら、Aを傷つけてしまうことになる。それこそ濡れ衣を着せてしまうことになりかねない。知らん顔をしていようかどうしようか。迷っているうちに日は瞬く間に過ぎた。

そんなある日、道を歩いていると、Aが運転する車が山のなかに向かっていくのが見えた。なかにはもうひとり男が乗っていた。Aの弟のようだった。二人してどこへ行くのだろう。山へ入るときはみんなと行くはずだが。ふと、もしかしたらシラを作りに行くのではないかと思った。山下は車に乗ってあとを追いかけた。やがて、Aの車が置いてあるところまでやってきた。すでに車のなかに二人はいなかった。山下は足跡を見ながら追跡した。

じきに、山のなかで木を伐る音が聞こえた。音のするほうに行き、こっそりと木の陰から覗くと、Aが弟と二人で忙しく動き回っていた。まさしくそれはシラを作っている最中だった。もう一度シラを作り、田中がやったことにし、今度こそ組から追い出そうとしているのではないか。

やがて作業が終わった。シラが完成したようだ。

「さあ、暗くならないうちに帰るか」

そういうと、Aはリュックから何かを取り出すと、シラの近くに置いた。そして、逃げるようにして山を下りていった。

山下はシラに近づいた。シラの近くには、帽子が置かれていた。拾ってみると、それには田中と書かれていた。これでAが田中を罠に嵌めようとしていたのが確実になった。山下はシラを蹴飛ばした。シラは音を立てて崩れた。

その足で山下は田中、そしてAが入っている組の長のところに行き、それまで見てきた一部始終を話した。

組の長は「私もおかしいと思っていましたが、もう少しようすを見ようとしていたところでした。そうでしたか、Aがそんなことをやっていましたか」といった。

数日後、山下の家に田中がやってきた。

「今日、うちの組の猟があって行ってきました。数日前に長から声がかかり、行くことになったんです。お陰でいいクマを獲ることができました。やっぱりマタギに行くのはいいです。気分がすっきりしました。あっ、そうだ、これはおすそ分けです。食べてください」

そういうと、田中はリュックのなかからクマの肉を取り出した。ずしりと重かった。

「いやあ、悪いね、猟に参加しなかったのに」

「とんでもない、いろいろお世話になったようで。私の濡れ衣が晴れたのは山下さんのお陰だと長がいっていました」

「いやあ、俺は何もしていないよ」

山下はそういってとぼけた。

あとでわかったが、Aと弟は組から破門されたという。若い二人がいなくなるというのは、組にとって戦力不足となり手痛いことだったが、オキテ破りは破門と決まっていたので仕方なかった。

恋愛感情から田中を組から追い出そうとシラを作ったAが、逆に組から追放されたのである。

呼ばれる

ある春の日の夕方、吉川の家の電話が鳴った。警察からだった。白神山地で山菜採りをしていた女性が谷底に転落した、救助に参加してほしいという連絡だった。外を見ると、あたりはもう暗くなりつつあった。吉川は車に飛び乗り、現場に駆けつけた。現場は白神ライン（旧弘西林道）の天狗峠と赤石大橋のほぼ中間だった。

現場には、警察や消防もすでに来ており、サーチライトを点ける準備をしていた。その横では行方不明になった女性の夫が泣きながら訴えていた。まだ五十歳前だった。

「早く見つけてやってください。早くしないと死んでしまいます」

夫婦で山菜採りに来たが、目を離した隙に、奥さんが悲鳴を上げていなくなったという。吉川はそれを聞いて、もし、この斜面から落ちたのならまず助からないだろうと思った。白神山地は壮年期の山のため、谷が深く入り込み、急斜面の連続だからである。旅行社が宣伝するような生やさしい山ではないのである。「板子一枚下は地獄」ではないが、ガードレールの外は、落ちれば助からない崖になっていた。遺体が見つかればまだよいほうだった。

その日は寒かった。日が沈むと、下から吹き上げる風が凍るように冷たく感じられた。白神山地はまだ冬だった。誰かが焚き火を焚いた。自然と火の回りに人が集まった。それを見た遭難者の夫が、「火なんかにあたっていないで、早く助けてやってくださいよ」と恨めしそうに懇願するのだった。しかし、サーチライトの準備ができなければ、なんの行動も始められなかった。

やがてサーチライトの準備ができ、光が谷底に照射された。少しずつ光を移動させていった。光の輪のなかに見えるのは残雪と樹木ばかりだった。いったいどこに落ちたのだろう。さらに範囲を広げていったときだった。「あっ」という声がして、サーチライトがピタリと止まった。光の輪のなかに女性が倒れているのが小さく見えたのである。目測で二百メートルほど下だった。

(まず助からないだろうな……)

誰もがそう思った。救助隊員が拡声器で声をかけた。女性からはなんの反応もなかった。ピクリともしなかった。絶命していると思われた。無理もなかった。吉川らは現場まで下りる方法を相談した。下手をすると、二重遭難を起こしかねないからだ。慎重にしなければならなかった。

「早く下りて助けてください。女房が呼んでいます」

「もう少し待っていてください、あわてるとろくなことがないから」

夫の焦る気持ちはよくわかったが、そういうしかなかった。

「ああ、女房が呼んでいる。あんたらには聞こえないのか……」

そのとき、夫を押さえておけばよかったに違いない。しかし誰も、男自らが危険なことをするなどとは想像もしなかった。一瞬目を離した隙に、夫はガードレールに駆け寄ると乗り越えた。悲鳴が救助隊員を凍りつかせた。夫が落下し、岩にぶつかる不気味な音が谷間に響いた。そして、静かになった。

「なんてこったよ……」

全員がガードレールに走り寄り、サーチライトに照らされている谷底を見下ろした。すると、夫が倒れているのが見えた。不思議なことに妻のすぐそばに倒れていて、まるで助けにきたぞとでもいっているようだった。

「まったく、なんてこった」

再び誰かがやるせなく呟いた。現場には重苦しい空気が流れた。そこへ一台の車が入ってきた。

「うちの親が落ちたって聞いたんですが、ほんとうですか」

　遭難者の息子だった。まだ三十歳になるかならないかだった。

「今、引き上げようとしているところです。現場は見ないほうがいい」

「そういったって、父さんと母さんが呼んでいる」

　ガードレールのそばに走り寄ろうとした。

「止めろ、そいつを止めろ。止めないと、そいつまで呼ばれるぞ」

　みんなであわてて、息子を取り押さえた。

「何をするんだ。父さんと母さんが呼んでいる。あんたらには聞こえないのか」

　吉川たちにはもちろん、それらしい声が聞こえるはずもなかった。興奮した息子はパトカーの後部座席に座らされ、外に出ていけないように両脇から警官が挟んだ。

「危険だから、救助は専門家に任せてここで待っていなさい」

　警官は説得したが、息子は「父さんと母さんが呼んでいる」といいつづけ、ときには、パトカーから出ようとした。しかし、数時間後、両親が遺体となって引き上げられたのを見ると、とたんに憑きものが落ちたようにおとなしくなった。そして、両親の遺体にすがって号泣した。

吉川は、あのときに息子を取り押さえていなかったらどうなっていただろう、とつくづく思うことがある。最悪の場合、親子三人がサーチライトのなかに浮かんでいたかもしれないのである。夫婦、親子には、他人にわからない「呼ぶ声」が聞こえるのだろうか。そして、それに呼ばれるように死の淵に立つことがあるのだろうか。

老マタギと犬

今から二十五年ほども前の話になる。その頃、私はマタギのことを本にして紹介したいと思っていた。当時、世のなかはアウトドアブームの走りで、雑誌の表紙には四駆に乗って河原にテントを張り、バーベキューをしてお洒落に過ごす写真がよく載っていた。山歩きが好きだった私は、そんな写真を見て違和感があった。自然を楽しむというのはもっと泥臭いもので、自然を肌で感じるものではないかと思っていた。その点、私の知るマタギはクマを獲るだけでなく、自然とうまくつきあい、自然を壊さないようにしてきた人たちであった。

あるマタギがこういったものだ。「昔、自然保護という言葉を聞いたけれど、よくわからなかった。しかし、よく聞くとなんのことはない、俺たちマタギがずうっとやってきた自然とのつきあい方と同じだと知り、いまさらなんだと思ったものだ」

青森、秋田、山形などのマタギを何人か訪れ、データが揃い、そろそろ本を書けそうだと思った頃である。翌日、東京に帰るという日、私は写真を撮りながらブナ林を歩きたいと思い、ひとりで白神山地に入った。新緑が美しかった。クマを恐れる気持ちはあまりなかった。マタギに「俺たちが追いかけてもなかなか捕まえられないのに、素人のあんたにそんな簡単に遭遇してたまるか。クマは人間より賢い、あんたが怖がる以前にさっさと逃げているよ」といわれたからだった。

やがて、どこからともなく煙の匂いが漂ってきた。誰かが火を焚いているのだとわかり、目を上げた。すると、遠くの森のなかからひと筋の煙が上っていた。その煙を求めてさらに歩いていくと、小さなマタギ小屋に着いた。

「こんにちは」

声をかけると、板戸が開き、犬が顔を出した。犬は私をちらりと見ると、引っ込んだ。それから「どなたかな」といいながら男が出てきた。年の頃は七十歳くらいで白髪の老人だった。

「失礼かと思いましたが、山を歩いているうちにこの小屋が目に入ったので寄ってみようと思い声をかけてみました。私は東京で……」と簡単な自己紹介をした。

「そうか。狭くて汚いところだが、よかったら入って」

私はいわれるままに入り、囲炉裏の横に座った。小屋のなかは狭かったが、上座に男が座り、その横に、犬が伸ばした前足に顔を載せて男と私を交互に見ていた。目が慣れると、小屋はきれいに整頓されているのがわかった。銃もきちんと箱に入れられていた。きっと几帳面《きちょうめん》なのだろう。男は、麓のとある集落に息子夫婦と住んでいるといった。

「今頃は、里で田植えの準備に忙しい頃ではないのですか」

「確かに。若い頃はそうしていましたが、この年になると、息子がなんでもやってくれるので、わしがいるとかえって邪魔になります。だからこうして山に入っています。わしも山のなかにいると気持ちがいいし、それに山に入って道が壊れていたら直したり、罠が仕かけられていたら壊しています」

「罠を仕かける人がいるんですか」

「残念ながらいます。今までいくつ壊したかわかりません。罠は卑怯です。マタギではありません。密猟者です。マタギは正々堂々と戦ってこそ真のマタギといえます。曲がったことをすれば、山の神様に罰を受けます」

「なるほど。しかし、寂しくないですか、山にひとりいて」

「いや、ちっとも。山にいると落ち着くし、これが話し相手になってくれるから寂しくないです。孫の顔を見たくなったら、山を下りればいいし」

そういって男は犬の背中をさすってやった。すると犬は軽く尻尾を振って答えた。男のほうを見たが、すぐに目を伏せた。犬も結構な年のようだ。

「マタギ犬ですか。もしかして一緒にクマを獲ったんですか」

「そう、今まで何頭か獲りましたね。わしはほとんどひとりでマタギをするから、クマがいることをこれが教えてくれないと獲れなかったですね。いい相棒です。でも、最初は全然だめだった。番犬にもならなかった」

男が笑いながらそういうと、犬がそんなことといわないでよ、とでもいうように、悲しそうな声を上げた。まるで男が何をいっているかわかるようだった。

「番犬にもならなかったって、どういうことです」

男は笑うと、「これは東京生まれなんです。だから、高いビルには慣れているけれど、森を見ると怖がって尻込みしていたものです。木が風で揺れるのが怖いようでした」といった。

「ビルを怖がらず、森を怖がるとは、さすが都会生まれの犬ですね。それにしてもどうして、東京生まれの犬がこんな山奥に……」

男は笑うと、懐かしそうにいった。

「話せば長くなりますが、わしはまだ若い頃、毎冬、東京に出稼ぎに行きました。冬、村は雪が降って何もできなくなりますから、三ヶ月ばかりビル工事の下請けをしたり、道路を作ったりしました。そんなある日、飯場で寝ていたら、犬の鳴き声がしてね、探したら階段の下にこれが段ボールに入れられていました。まだ小さくてね。見ていたら、家に残してきた子どもたちのことを思い出して、思わず抱き上げていました。そして布団に入れて温めてやったものです。わしも子どもたちと離れて寂しかったのでね。布団のなかで小便をしたりたいへんでしたが、春になって連れて帰ってきました。工事が終わると、飯場が解体されてなくなり、また捨てられ、野良犬になると思うと可哀想でね」

「その捨て犬がクマを獲るようになったということですか。よほど厳しく育てたのですね」

男は首を振った。

「いやいや、全然。連れてきたとき、森を見て怖がっていたのを見て、これはマタギ犬には向いていないなと思ったので放っておきました。これにとっては見たこともない風景ですからね。それに知らない人が来ても吠えない。かえって尻尾を振る。番犬にもならない。好きなようにさせていました。わしが東京から勝手に連れてきて、これの運命を変えてしまったのだから、自分の思うように生きればいいと思いました。それが、東京の飯場で感じた孤独を慰めてもらった、せめてもの恩返しのつもりでした。そうしたらいつの間にか自分で狩りをすることを覚えたらしく、ウサギとかタヌキを獲ってきて、自慢そうに見せたものです」

「変われば変わるものですね」

「きっとここの環境がこれの野生を目覚めさせたんでしょう。驚きました。わしは嬉しくなって誉めました。すると、ますます、いろんな動物を獲ってきました。しかし……」

「しかし？」

「そう、誉めたら困ったことが起きました」

「どんなことです？」

「ある日、一緒に山に入ったら、カモシカがいました。何を勘違いしたのか、かまわなければいいのに、そのカモシカに向かっていき、ツノで突かれて大怪我をし、死ぬ一歩寸前になりました。敵う相手でもないのに。それでもう山へ連れていかないと決めたのです。これも痛い目を見たためか、それから犬小屋に入って外に出てこなくなりました。ちょっと猟を覚えてついた変な自信が打ち砕かれたのかもしれません、変な自信が」

「芽生えた自信が打ち砕かれたのですね。でも、よく立ち直りましたね」

「そう、よく立ち直ったとわしも思います」

「何か秘訣でも」

「何もないですね。やはり放っておきました。自由にさせておきました、一年も二年も。すると、そのうち立ち直ったのか、わしのあとを追ってきて山に入ろうとしました。危ないから帰れと追い返しました。またカモシカに向かっていったら目も当てられないですからね。それでもまた来る。また追い返す、それの繰り返しでした。いつだったかは、つないでいた鎖を切って追いかけてきたときもありました。そのうち、わしが根負けして好きなようにさせたら、自分で考えたのでしょう。いつの間にか、クマの居所を教えてくれるようになっていました。それも吠えずにわしを案内するように先を歩いては振り向き、歩いては振り向きして、クマはこっちにいるよとでもいうように連れていくのです。そして、周りを見ると、クマが木の上にいました。そうやって何頭か捕まえたものです」

「すごいですね、どこで覚えたんですかね」

「さあ。わかりません。それはかりはこれに聞いても教えてくれない。オオカミの血が甦り、これなりにいろいろと考えたのでしょう。そうとしか思えません。しかし、すごいなと思ったのはそればかりではありませんでした。わしはこれに命を助けてもらったことがありました」

「クマに襲われたとか」

「そう。一度、わしが銃を撃つのに失敗してクマを手負いにしたことがありました。たいへんな失敗でした。クマが私を襲ってきました。手負いのクマは撃ったマタギに復讐心を燃やしますからね。気がついたら、わしはクマに押し倒され、目の前にクマの顔があって今にも噛もうとしているところでした。生臭い息と共に涎が顔に落ちてきました。ああ、わしもこれでおしまいかと思ったものです。そうしたらそのとたん、クマが離れました。どうしたのかと思ったら、これがクマに噛みついていました。見たこともないような凶暴な顔をしてクマに噛みついていました。クマはこれを追っ払うためにわしから離れたのです。わしはその隙に逃げました。クマはうるさそうにこれを払いました。そうしたら、簡単に飛ばされました。すると、クマはまたわしに向かってきました。しかし、わしはすでに銃を構えていましたので、ゆっくり狙いました。今度は外さずに撃つことができ、クマはその場に倒れ、絶命しました。わしは夢中でこれを捜しました。そうしたら、これは足を痛めたのか引きずりながらも走ってきました。思わず抱きしめてやりました。なあ、シロ、お前はわしの命の恩人だよな」

男は笑った。犬は尻尾を振り、男の手を舐めた。

いつの間にか夕暮れになっていた。帰るのは無理になっていた。泊めてもらえるかと聞こうとすると、男が「今日は泊まっていったらどうかな。たいしたものはないが、今日、沢で釣ったイワナとか山菜、そして酒がある」というと、笹の葉に包んだイワナを出した。今まで見たこともないような大きなイワナだった。男は、そのイワナを串刺しにして焼いて食べさせてくれた。イワナに舌鼓を打ちながら私は男にいろいろと質問をした。男は嫌がらずに話してくれた。

「わしの家はこの白神山地で代々マタギをしていて、わかっているだけで、わしで二十代目くらいになるそうです。古くはもっと昔からここに人が住んでクマを獲っていたらしい。千年も前の昔からともいわれています。いや、きっと、縄文の昔からでしょう。海で漁師が魚を獲るように、山ではマタギがクマなどの獣を獲ったり、山菜を採ったりして生活してきたのです」

「親の跡継ぎとしてマタギになったんですか」

「いや、親は何もいいませんでしたね。自分の好きなように生きればいいといっていました。でも、気がついたら、鉄砲を持っていました。中学のとき、授業をさぼって、父親の銃を持ち出してウサギ狩りに行きました。いっぱしのマタギ気取りでした。そしたら銃の威力がすごくて後ろにひっくり返りました。耳もしばらく聞こえなくなったほどでした。ウサギには逃げられるわ、父親にこっぴどく叱られるわで散々でした」

「それでもやめなかった」

「やめませんでした。父親がシカリをしていた組に入ってマタギの修業を始めました。大人は歩くのが早くてついていけませんでした。それが悔しくて悔しくて、泣きながら歩いたものです。でも、そのうちついていけるようになりました。血なんですね、マタギの血がそうさせたんですね」

「先祖代々の血のお陰で、あっという間にマタギになったということですか」

「そうでしょうね。マタギしか興味がなかった。しかし、水垢離は辛かった。何か失敗すると、沢の水を頭にかけるんです。すると、冷たくて、目が覚めるどころか、心臓の動悸が激しくなって苦しくなるほどです。あまりの冷たさに懲りて二度と同じような失敗はしなくなりました。今でも思い出すと、目が覚めるくらいの冷たさです」

「失敗するというのはどういうことです」

「たとえば、近道をするために苔の生えている道を通るとか、キノコを根こそぎ採るとかだね。苔を壊せば最低でも五十年生えなくなるから、苔は傷つけないように歩けといわれました。キノコも根こそぎ採れば来年採れなくなる。欲張らず、少しずつ採って来年も再来年も採れるようにしろといわれました。そうやってたいせつにしてきたから千年も続いてきたんだといわれるわけです」

「たいせつにするといっても、白神山地は広いから、歩いて回れるのはほんの一部でしょう」

男は苦笑し、こういった。

「歩いていますよ、白神の隅々まで。歩いて把握しておかないと迷ってしまいます。だから、猟以外のときでも歩いています。沢の一本一本、木の一本一本。木が年老い、寿命がきて倒れます。その下に子どもが芽を出していると、子どもができてよかったなあ、と声をかけたりします。世代交代です。マタギというのは、ただ獲物を獲るだけでなく、山の隅々までを知ってたいせつにしている人のことをいうのです。もし、好き勝手に獲物だけを獲っていたら、今頃、白神には生きものが一匹もいなくなっていたと思います。だからマタギは、ただのハンターと違い、白神の番人だと思っていますよ」

私はそれ聞いて初めて、マタギのなんたるかを知ったような気がした。もっと聞きたいと思ったが、男は欠伸《あくび》をした。

「少しくたびれました。横になりましょう」

そういうと、男はランプの芯を低くし、横になった。

翌日、朝食を終えると、山を下りることにした。男は山を歩きながらいった。

「昔はよかった。今では無駄な道路ができたりしてろくなことはない。白神がズタズタにされました。さらに数年経ったら、世界遺産にでも指定され、いろいろと制約が出てきてマタギができなくなる日が来るかもしれません」

まさかと思った。大昔からここに住み、マタギをやってきた人はどうなるのだろう。男はマタギ小屋も撤去されるだろうといった。

「いくらなんでもそこまでしないでしょう。千年、いや縄文の昔から続いてきた日本の文化ですから」

「いや、やりかねない。国は、自然を守るというのは、誰も入れないことと思っている。そうなると、荒廃するだけでなく、動物が増えてたいへんなことになります。山のことを知っているマタギが調整してやらないとだめになります。それを知らないのですよ、机の上で考えているから見当違いなことばかりやっている。我々地元のマタギに話を聞こうともしない。白神が荒廃しないで今もあるのは、昔からマタギが守ってきたからなんです。それをわかっていない、というか、わかろうとしない」

男は諦めたようにいった。

やがて、林道に出た。私は停めてあった車のドアを開けた。

「家まで送りますよ」

「まだしばらく山にいます。今日はあなたを送ってきただけだから。ではまた機会があったら」そういうと、男は、再び山のなかに入っていった。私は、また今度来ますと男に声をかけた。男は振り向かずに軽く右手を挙げた。私は車に乗り、東京に戻った。それから本を書いたが、記事のなかには男から聞いた話をいくつか書いた。

しばらくして本ができた。近いうちに男に持っていってお礼をしようと思ったが、突然、私は入院することになってしまった。日頃の不摂生がたたって体調をくずしてしまったのである。男には本を送るだけになった。それから一年の間に二度も手術をした。このまま死んでいくのかと思うと、辛い日々になった。医者に今までの仕事を改めるようにいわれ、しばらく養生した。

その間に白神山地は世界遺産に登録された。すると、どこからどこまで入ってもいいが、ここからはだめだというような線引きがされ、それまでの白神ではなくなった。

「どうしているだろう」

ようやく元気になった私は、男に会うために白神山地に出かけた。男に会ってから三年以上も経っていた。

まっさきに私はマタギ小屋を訪ねた。しかし、マタギ小屋は跡形もなくなっていた。私は男から聞いた自宅の住所を訪ねた。すると、息子が出てきた。

「以前、お父さんに本を送った者です」というと、「父はたいそう喜んでいました。今度来たらもっと大きいイワナを御馳走してやろうといっていました」とほほ笑んだ。

「山に行ったらマタギ小屋がなくなっていたので、こちらを訪ねてみたんですが」

「父は昨年、山のなかで亡くなりました。普通ならマタギ小屋で寝るから大丈夫なのですが、マタギ小屋がなくなり、山のなかで寝たら冷えたのか、死んでいました。年も年ですから」

津軽峠から望んだ白神山地。
左から天狗岳（958m）、白神岳（1232m）、向白神岳（1243m）、
太夫峰（1164m）などが連なって見える。

「よくわかりましたね」

「ええ、それが父の相棒の犬が知らせてくれたんです。父が山から下りてこないなと思っていたら、犬だけが来て、吠えるのです。何かあったなと思ってあとをついていったら父が冷たくなっていました。犬が父の急変を私に教えてくれたんです」

「そうでしたか。あの犬が教えてくれたんですね、やはりいい相棒だったんですね。で、犬は今も元気ですか」

「ええ、その犬も父が死んですぐに死にました。犬もがっかりしたんでしょうね。餌を出しても食べませんでした。そして、父の葬式の最中にあとを追うようにして死にました。仲がよかったから、父の墓の横に埋めてやりました。今頃、彼岸で以前のように山のなかを歩いているんじゃないでしょうか」

息子に裏山にある墓に連れていってもらった。先祖代々の墓に男と犬の墓があった。犬の墓には首輪がかかっていた。そのとき、遠くで犬の吠え声がした。目を上げると、男と犬が一緒に稜線を歩いているのが見えた。しかし、目を瞬くと、消えた。

それから数年後、白神山地は鳥獣保護区に指定された。その結果、白神ではいっさいの猟ができなくなってしまった。その瞬間、千年、いや、縄文時代から続いてきたマタギという文化が終焉を迎えた。奇しくも男がいったとおりになった。白神山地が世界遺産に指定されてから十一年後の二〇〇四年（平成十六）のことである。

あとがき

一九九一年（平成三）、山と溪谷社から『マタギに学ぶ登山技術』を上梓した。クマを獲る猟師であるマタギと白神山地を歩いているうちに、疲れない歩きかたなど、現代の登山者にも役に立つさまざまな技術をマタギが持っていることを知り、紹介した本である。

なによりマタギに感銘を受けたのは、彼らが自然をたいせつにしていることだ。たとえば山菜の採りかた。あるだけ採るのではなく、山の神に感謝しつつ、その日食べるぶんだけ採り、欲張らない。来年も再来年も採れるようにする。欲張ると山の神の罰が当たるとし、自分たちを律してきた。そのため千年、いやそれ以上、縄文時代から続いていることを知った。

『マタギに学ぶ登山技術』を書き終えた後、次はマタギたちから取材の合間に聞いたさまざまな奇妙な話を書こうと思った。クマを獲ったことにより起きる祟り話、山の神の話、子どもを思う親グマの話、伝説などである。題して『マタギ奇談』。

そのため、さらにマタギに会いに青森、秋田、山形などに出かけた。いろいろと話を聞くことができた。マタギだけでなく、鰺ヶ沢町の郷土史家の鶴田要一郎氏にも話を聞いた。鶴田氏は大然の山津波のことを調べた元教師で、山津波のことを書くなら参考にしてほしいと話すだけでなく、資料まで提供してくれた。『マタギ奇談』ができるのは近いと思った。

しかし、本の分量になるにはまだ道半ばだった。それに遠隔地にあるため何度も行くことができず、なかなか進まなかった。行くことができても農繁期とぶつかり、わずかな話しか聞けず、あとは想像して勝手に書けといわれたこともあった。そうかと思えば、山下氏のようになにか変わった話はないかと聞くと一生懸命思い出してくれ、「そういえば、昔、八甲田で軍人がたくさん凍死したが、そのとき、マタギが苦労したらしい」と教えてくれた。が、それ以上は知らないようでなにをどう調べればよいのかわからず途方に暮れたものである。遅々として進まず、何度『マタギ奇談』の執筆をやめようと思ったことか。しかし、我々の世代で大昔から続いてきたマタギが消滅するという危機感もあり、せめてマタギの話を残しておこうと、時間のあるかぎり調べ、そして原稿を書いては順に引き出しに入れてきた。

今年の春、山と溪谷社の勝峰富雄氏と『新編 山のミステリー』の打ち合わせをしていたときに『マタギ奇談』の話をした。すると、原稿を見せてほしいということになり、送ると出版の運びとなった。感謝申し上げます。編集実務は佐藤徹也氏にお世話になりました。

取材に応じて下さった山下一孝氏らマタギの方々をはじめ、郷土史家の鶴田要一郎氏に心から御礼申し上げます。

二〇一六年夏

工藤隆雄

文庫版のためのあとがき

「もし、大地震などの災害が起きて電気も水道も食料も手に入らなくなったら、都会人の多くは何もできずに大変なことになるだろうな」といったのは、あるマタギ。「その点、俺は、ナイフ一丁あれば山に入り、獣をさばいて食うことも山菜を採ることもできる。水がなければ沢に行けばいい。暮らすには何の問題もない」

それを聞いて、世の中の便利さに慣れ、何か起きると、手をこまぬいて何もできなくなる自分はいったい何者かと思ってしまう。やはり、人間は、マタギのように自然の一部でしかないことを肝に銘じないと、この先、たいせつな未来への道を見失うのではないか。

何年も前に『マタギ奇談』を書くことにした動機を久々に思い出した。

二〇二〇年春

工藤隆雄

解説　マタギと末裔たちの不思議な山語り

高桑信一

日本歴史大事典で「マタギ」を引くと次のように記されている。

――奥羽の山間に居住し、周辺山地において冬から春にかけてクマやカモシカなどの大型獣を狩り生計の一助とした狩猟者――

べつの辞書では狩猟を生業《なりわい》とする、とある。つまりマタギは職業猟師であったかどうかだが、おそらくこれはどちらも正しい。

マタギが文献に登場するのは江戸時代の初期だが、存在自体はそれよりもはるかに古いだろう。マタギは、戦後の高度経済成長に排斥されるようにして衰退するまで、優に三百年以上の長い歴史を持つことになる。江戸時代には「猟師札」と呼ばれる鑑札はあったが、対象の動物も猟期も定められていないことから、マタギは狩猟を生業にすることができたのである。

それが明治の初めに、狩猟法の前身となる「鳥獣猟規則」が制定されて以後、徐々に猟期が短くなり、対象の動物も制限されて、物理的に狩猟だけで生計を営むことは不可能になった。

もちろん、背後には文明の発達があるのだが、マタギの衰亡に拍車をかけたのが、カモシカの捕獲禁止と狩猟における文明の利器の登場であった。

カモシカが、生息数の減少によって狩猟獣から除外されたのは大正十四（一九二五）年で、それまではクマよりもむしろカモシカのほうが山里の生活を潤したのである。

雪国の東北地方の大型獣はクマとカモシカしか存在せず、以後の冬の猟の対象はクマだけとなり、クマ猟はマタギの象徴として彼らの文化を支えることになる。

時代が下るにつれ、山間に押し寄せる文明に抗うようにして、独自の狩猟文化を維持してきたマタギだが、やがて彼らの猟法を根底から揺るがす文明の利器が現れる。有効射程距離が三百メートルを超えるライフル銃と、双眼鏡とトランシーバーがそれである。

この三種の神器というべき文明の利器が狩猟の形態を一変させ、マタギの命運を絶った。

双眼鏡で獲物を探し、トランシーバーで指示を与え、スコープのついたライフル銃で、はるかかなたの獲物をやすやすと捉えるのであってみれば、それまでの経験と勘に頼った巻き狩りは滅びざるを得なかった。

ライフル銃よりはるかに射程の短い猟銃を携え、シカリと呼ぶ統領に率いられてクマ猟を行い、さまざまな禁忌としきたりに加えて、冬の山中でのみ交わされる山言葉を駆使するマタギ文化が、近代猟法に駆逐されるようにして姿を消したのである。

したがって、厳密な意味でのマタギは、すでに存在していない。現在マタギと呼ばれる猟師の多くはマタギの末裔《まつえい》である。正確に言えばマタギの系譜を宿すものたちだ。

それでもマタギの系譜は随所に残っている。

深い雪山でクマを追うマタギは、幾多の怪異や不可思議な現象を経験してきた。そうした山のもたらす怪異を疑いもなく信じたのがマタギであった。それは山が人間の理解を軽々と超え、人間の浅知恵など通用する相手ではなかったからだ。

人知の及ばぬ山は畏れ敬う存在であり、獲物を授けてくれるのは山の神の機嫌次第である。彼らがいつから山の神を女性と見なしたのかは定かではないが、その背景には、山川《さんせん》ことごとくに神が宿るといわれる自然崇拝があったはずだ。

山を畏敬の対象として崇める彼らが必要に迫られて編み出したのが、山里の習俗を山中に持ち込まないためのさまざまな工夫だった。

それが、山に入る際の斎戒沐浴であり、定められた禁忌であり、山中でしか交わさない山言葉である。

現代のマタギの末裔は、すでに斎戒沐浴も行わず、山言葉も用いない。しかし山の神への祈りを捧げ、安全地帯に戻るまで弁当を半分食べずに残しておくなどのマタギの知恵を忘れない。そしていまでも、子どもの生まれた家では猟に参加できなかったりもする。山の神は祝い事を嫌うからである。

冬場こそ猟をするが、それ以外の季節は山里の人々と同じように田畑を耕し、町場に働きに出る。だが、彼らの立ち位置は常に山にある。父祖天来の血が育んだマタギの系譜が、彼らを山に引き寄せてやまないのである。

そもそもマタギという言葉は外部からの呼称であった。彼らは自分たちを、単に「鉄砲撃《ぶ》ち」、あるいは「山立ち」と呼んだに過ぎない。

マタギが山を畏怖したように、山里の民や町の人々もまた、マタギ装束に身を固め、意味不明の山言葉を交わし、厳寒の山からクマを射止めてくる異形の集団を、畏敬を込めて「マタギ」と呼んだのである。

＊

ここまでマタギの歴史を概観してきたのは、本書を読み進めるうえで、マタギがなんたるかを知っておいたほうが、読者の理解が深まると思うからに他ならない。

本書には、正統なマタギの伝承のみならず、マタギの末裔たちが体験した山での不思議な体験が綴られている。

マタギ奇談と題されているからには、そこには怪異譚と呼ぶべきものも収録されている。しかし、読者を怖がらせるような山の怪異が満載されているわけではない。むしろ朴訥で粘り強い山の民の重い口を開かせ、彼らの語る偽らざる体験談を、丹念に拾い集めて収録した労作の思いを強くする。

本書は以下の各章で構成されている。

第一章―歴史のはざまで　第二章―マタギ伝説　第三章―賢いクマ

第四章―山の神の祟り　第五章―不思議な自然　第六章―人間の不思議な話

長年狩猟の取材をしてきた経験から、マタギの伝承や怪異をそれなりに知っているつもりであった。しかし本書には、うかつにも私が見落としてきた多くの事実が綴られていて、目からうろこの落ちる思いであった。そのいくつかを簡潔に紹介してみたい。

第一章の冒頭には、明治の後期に起きた八甲田山中での、陸軍歩兵隊の雪中行軍における大量遭難事件の知られざる逸話が述べられている。

新田次郎が小説に書き、映画にもなった『八甲田山死の彷徨』で一躍有名になった事件だ。

歩兵青森第五連隊二百十名が自力で冬の八甲田山を走破しようとして遭難し、百九十九名が死亡するという前代未聞の惨事で終わったのに対し、人数を絞って案内人を頼んだ弘前第三十一連隊の三十七名は無傷で生還している。

その案内人のなかにマタギがいて、山中で怪奇現象に遭遇したというのが著者の文章の伏線になっているのだが、問題はその後だ。

弘前隊は、外部に事実が漏れるのを危惧して、案内人に涙金をわたして箝口令を敷いた。

案内人たちは後難を恐れ、その後長きにわたって沈黙を守ったのである。

やがて事件に関心を持ったある新聞記者が調査を重ね、昭和四十五(一九七〇)年に『八甲田連峰吹雪の惨劇』を自費出版で上梓《じょうし》。その本を読んだ新田次郎が、すぐさま『八甲田山死の彷徨』を書いてベストセラーになる。

全五巻を出版するつもりだった新聞記者は、第二巻まで出版したものの、まったく顧みられないまま失意のうちに亡くなってしまう。

小説だから、史実をもとに脚色しても問題あるまいが、しかし案内人たちの冷遇や謎の怪奇現象は作品に登場せず、トンビに油揚げをさらわれ、あまつさえ史実まで曲げられた新聞記者の無念さが、なおさらしのばれるのである。

いまひとつは、第四章に登場する大然《おおじかり》集落の話だ。山津波で壊滅した大然と佐内のマタギ集落の存在は知っていた。藩政時代から栄え、それまで洪水とは無縁だった赤石川上流の二つの集落が、巨大な鉄砲水によって圧し潰されて八十八人が死亡。生き残ったのはわずかに十六人だった。

山津波が起こったのは終戦の年の三月で、東京大空襲の混乱に紛れ、東北の片隅で起きた惨事を多くの人々は知る由もなかった。

ここまでは私も知っている事実だが、しかし筆者の記述は事故の詳細を極めている。その根拠を、取材の過程で知り合った地元の郷土史家から資料を提供されたと記されているが、それにしても取材の苦労は並大抵ではなかったろう。

この二つの事件をはじめ、本書にはクマの不思議な生態やマタギ伝説が縦横無尽に語られている。それらの詳細は、ぜひ本書によって堪能していただきたい。

本書の主な舞台である白神山地は、平成五（一九九三）年に世界遺産に登録されるのとほぼ同時に禁猟区に指定された。マタギの末裔といえども狩猟はできなくなったのである。

それでもマタギの末裔は、秋田、山形、新潟、長野と各地に点在し、その系譜を色濃く帯びながら、いまでもクマ猟をつづけている。

ただ、みな高齢になっていて、おそらく銃を置く日も遠くないだろう。マタギの系譜はさらに希釈され、その伝承を受け継ぐものなど、やがて消滅してしまうのではないか。筆者は、その消失を怖れたのである。

だからこそ、マタギの活躍した地である雪国まで執拗に足を運び、丹念に取材を重ねた筆者の思いは、マタギという消えゆく存在への惜別であり、オマージュと呼んで差し支えあるまい。

最後の物語である「老マタギと犬」の主人公がつぶやく、「白神が荒廃しないで今もあるのは、昔からマタギが守ってきたからなんです」という言葉が重い。世界遺産に認定された白神山地を守るために必要なのは入山禁止などではなく、山を知りつくしたマタギの存在なのである。

たかくわ　しんいち　作家。一九四九年、秋田県男鹿生まれ。著書は『一期一会の渓』（つり人社）、『山の仕事、山の暮らし』（つり人社／ヤマケイ文庫）、『渓をわたる風』（平凡社）、『山と渓に遊んで』（みすず書房）、『源流テンカラ』（山と溪谷社）など多数。

参考文献

『明治三十五年第卌一聯隊　雪中行軍路案内實録　昭和六年二月調査』
大深内村青年團熊ノ沢支部調
『別冊歴史読本　日本史地図を歩く』新人物往来社
『八甲田山死の彷徨』新田次郎　新潮文庫
『八甲田　死の雪中行軍　真実を追う』三上悦雄　河北新報出版センター
『指揮官の決断』山下康博　中経出版
『知られざる雪中行軍』川口泰英　北方新社
『八甲田山から還って来た男』高木勉　文春文庫
『われ、八甲田より生還す　弘前隊・福島大尉の記録』高木勉　サンケイ出版
映画『八甲田山』東宝
『最後の狩人たち　阿仁マタギと羽後鷹匠』長田雅彦　無明舎
記録映画『又鬼』群像舎
『東北のロビンソン』高橋喜平　創樹社
『またぎとこぐまたち』絵・すがわらけいこ　作・金治直美
『岩壁（くら）　昭和20年・大然部落遭難記録』鶴田要一郎　青沼社
『青沼　赤石マタギ大谷石之丞の一代記』鶴田要一郎　青沼社
『赤石マタギ　赤石奥地の熊撃ち話』鶴田要一郎　青沼社
『消えた村』一九八七年三月　東奥日報夕刊
『村制施行百周年記念　『西目屋村誌』』編著　品川弥千江ほか

本書は『マタギ奇談』（二〇一六年一〇月、山と溪谷社刊）を文庫版に改めたものです。

工藤隆雄（くどう・たかお）

一九五三年、青森市生まれ。

大学卒業後、出版社勤務を経て、新聞・雑誌を舞台に執筆活動を展開。

毎日児童小説優秀作品賞、盲導犬サーブ記念文学賞大賞等を受賞。

著書に『定本 山のミステリー 異界としての山』をはじめ、

『ひとり歩きの登山技術』『マタギに学ぶ登山技術』

『新編 山小屋主人の炉端話』（山と溪谷社）、

『富士を見る山歩き』『続・富士を見る山歩き』『富士を見ながら登る山36』（小学館）、

『山歩きのオキテ』『富士山のオキテ』（新潮社）等がある。

日本大学芸術学部文芸学科講師（ノンフィクション論等）。

装丁＝高橋 潤
編集＝単行本 佐藤徹也、勝峰富雄（山と溪谷社）
文庫 勝峰富雄、宇川 静（山と溪谷社）
本文ＤＴＰ＝藤田晋也

マタギ奇談

二〇二〇年七月二六日　初版第一刷発行
二〇二四年二月一五日　初版第四刷発行

著　者　工藤隆雄
発行人　川崎深雪
発行所　株式会社　山と溪谷社
郵便番号　一〇一－〇〇五一
東京都千代田区神田神保町一丁目一〇五番地
https://www.yamakei.co.jp/

■乱丁・落丁、及び内容に関するお問合せ先
山と溪谷社自動応答サービス　電話〇三－六七四四－一九〇〇
受付時間／十一時～十六時（土日、祝日を除く）
メールもご利用ください。
【乱丁・落丁】service@yamakei.co.jp
【内容】info@yamakei.co.jp
■書店・取次様からのご注文先
山と溪谷社受注センター　電話〇四八－四五八－三四五五
ファックス〇四八－四二一－〇五一三
■書店・取次様からのご注文以外のお問合せ先
eigyo@yamakei.co.jp

本文フォーマットデザイン　岡本一宣デザイン事務所
印刷・製本　株式会社暁印刷

定価はカバーに表示してあります

Printed in Japan ISBN978-4-635-04886-6

ヤマケイ文庫の山の本